eビジネス新書

No.427

週刊東洋経済

不動産

海外ファンドvs.国内デベロッパー

奪戦

週刊東洋経済 eビジネス新書 No.427

不動産争奪戦

本書は、東洋経済新報社刊『週刊東洋経済』2022年6月25日号より抜粋、加筆修正のうえ制作しています。情報は底本編集当時のものです。（標準読了時間 90分）

不動産争奪戦　目次

・〔プロローグ〕不動産業、今や主役は「ファンド」……1
・INTERVIEW「日本の不動産は米国に次いで有望だ」（デイビッド・チョン）……13
・不動産ファンドの稼ぎ方……16
・外資系ファンド「一攫千金」術……23
・日本に投資する海外投資家の顔ぶれ……32
・老舗ホテル「買収」の全内幕……35
・INTERVIEW「改装だけが再生ではない」（橋田大輔）……45
・「会社ごと」買われる不動産……49
・「渋谷」と「八重洲」の大乱戦……56
・都心オフィス、減らぬ空室……68
・「財閥超え」狙う新興勢力……72
・INTERVIEW「オフィス空室率に一喜一憂はしない」（尾台賀幸）……81

・INTERVIEW「財務指標と投資計画のバランスを取る」（芳井敬一）……84
・INTERVIEW「東京の物件ならほぼ持ち込まれる」（前田隆也）……87
・マンション“売り渋り”の実情……90
・再エネ活用　押し寄せるSDGsの波……97
・神宮外苑再開発　樹木伐採の是非……101
・新たな需要で不動産の用途が多様化……104
・〔エピローグ〕リーマンの教訓は生きるのか……111

〔プロローグ〕不動産に世界中の資金

不動産業、今や主役は「ファンド」

2000億円以上で売ります——。2022年5月上旬、某所で行われたプレゼンテーション。不動産関係者が威勢のいい数字を放つ。議題は東京都目黒区の複合施設「目黒雅叙園」の売却だ。

雅叙園は1931年に開業した料亭が源流で、約3・7万平方メートルの敷地には2棟のオフィスビルや結婚式場が立つ。都の有形文化財に指定された瀟洒な宴会場「百段階段」を抱える伝統ある施設だが、不動産業界ではこみいった事情のある物件だ。

雅叙園はこれまで3度転売されてきた。最初は2002年。バブル期の投資の反動で破綻した運営会社に代わり、米投資ファンド・ローンスターが買い取った。ローンスターは14年に森トラストに約1300億円で売却。その5カ月後、森トラストは雅叙園を中国の政府系ファンド・ＣＩＣに約１４３０億円で転売し、現在に至る。

ＣＩＣから雅叙園の運用を受託していたラサール・インベストメント・マネージメントは、不動産市況の好調を受けて２１年から売却を模索。投資家からの反響に手応えを得たため、２２年5月にアドバイザリー業者の選定活動に着手した。打診を受けた業者の中には、冒頭のように参考価格として２０００億円以上での売却を提示されたケースもあったようだ。実現すれば、前回の取得価格から６００億円も跳ね上がる計算になる。

目黒駅から徒歩3分とはいえ、周辺は閑静な住宅街でオフィス立地とは呼びがたい。オフィス仲介会社の間では、中核テナントのアマゾンが近々退去する噂も流れる。それでも「伝統があるうえ、目黒には大規模オフィスがないため貴重な存在。海外投資家が関心を示すだろう」（不動産関係者）。

争奪戦の意外な勝者

海外の投資家が目をつけるのは、雅叙園だけではない。2021年9月に大手デベロッパーのヒューリックなどが取得した東京・汐留の「電通本社ビル」も、国内外の投資家が入り交じる争奪戦を繰り広げた。

地上48階建ての同ビルの売却話が浮上したのは、20年秋ごろのこと。所有者である電通グループは自ら声をかけた投資家のみを対象に、非公開での入札を進めた。買い手候補として選出されたのは、外資勢からは米ゴールドマン・サックスとカナダの不動産ファンド、ベントール・グリーンオーク。国内勢からは、不動産ファンド大手のケネディクスだった。

残る1社が、最後までもつれた。「1社だけ、連れてきていいですよ」。電通がこう告げた相手は、みずほ信託銀行だ。電通のメインバンクを務めるみずほ銀行とのつながりで、自ら買い手候補を選定することを許された。「みずほ枠」、関係者の間ではこう称されている。

当初、みずほ信は外資系不動産ファンドを軸に打診した。だが価格水準で折り合わず、選定作業は思うように進まない。悩んだ末に白羽の矢を立てたのが、同じみずほグループを出自とするヒューリックだった。もしみずほ信が外資と交渉をまとめていたら、結果は大きく異なっていただろう。

無事に電通本社ビルを落札したヒューリック。だが、同社が9月に公表したプレスリリースでは、電通本社ビルについて「取得」ではなく「出資」と表現している。ビルを保有するのは、厳密にはSPC（特別目的会社）の「芝口橋インベストメント」だからだ。ヒューリックのバランスシートにビルは計上されていない。

SPCの資本金は1110億円。このうち、ヒューリックは49％に当たる543・9億円を出資している。連結子会社にならないギリギリの水準だ。このほかみずほリースが2～3割を出資し、みずほ銀行も融資を行った。投資家から出資や融資を募り、SPCを母体にして物件を取得する――。これは不動産ファンドの手法そのもの。電通本社ビル争奪戦の勝者も投資家からなるファンドだといえる。

こうした著名な大型ビルから中小型ビルまで、海外からの資金は国内のあらゆる不動産に流れている。不動産サービス大手CBREによれば、海外からの投資額は21年だけで103億ドルに上った。

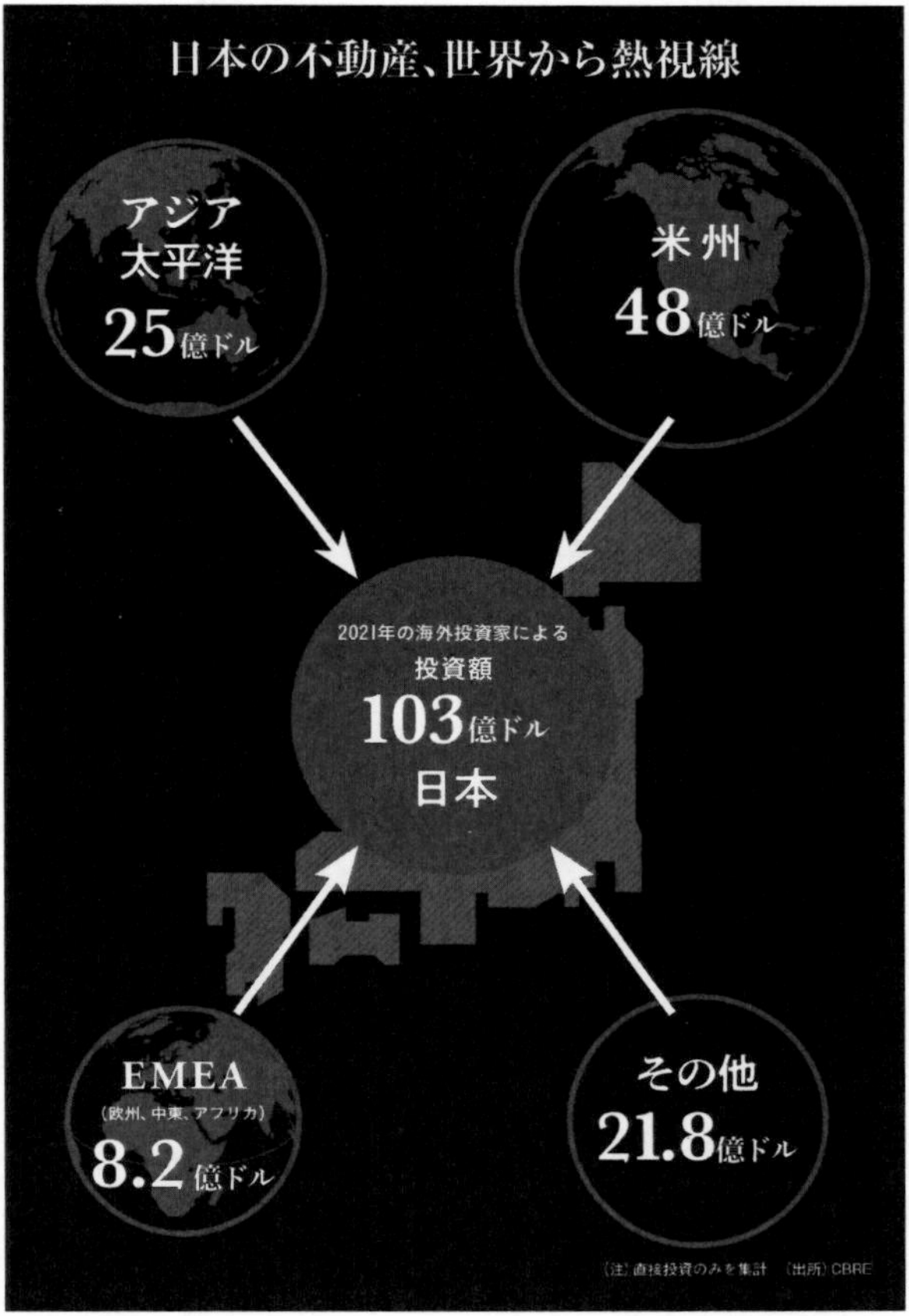
日本の不動産、世界から熱視線
アジア太平洋
25億ドル
米州
48億ドル
2021年の海外投資家による
投資額
103億ドル
日本
EMEA
（欧州、中東、アフリカ）
8.2億ドル
その他
21.8億ドル
（注）直接投資のみを集計　（出所）CBRE

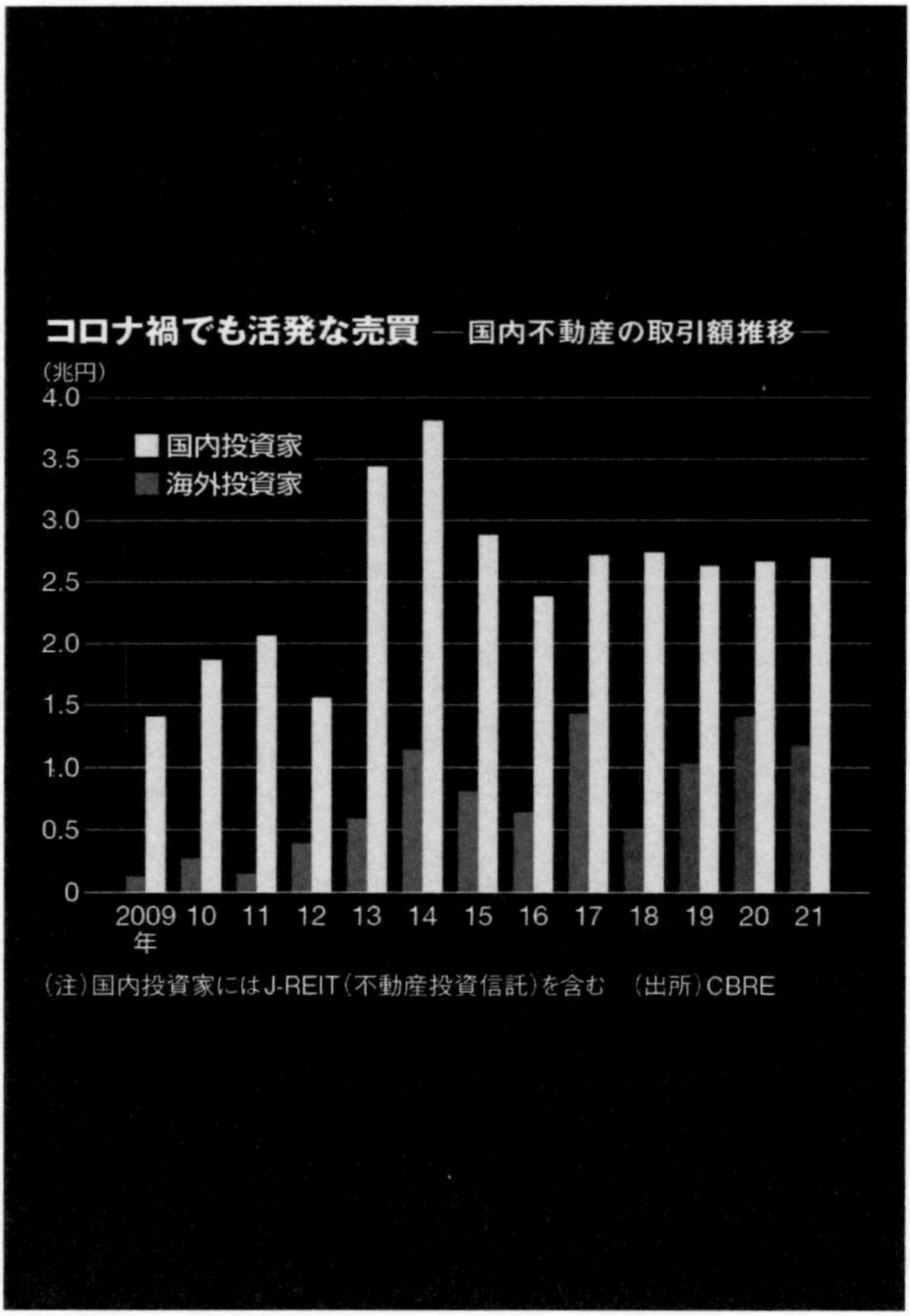
コロナ禍でも活発な売買 ―国内不動産の取引額推移―
(兆円)
4.0
3.5
3.0
2.5
2.0
1.5
1.0
0.5
0
国内投資家
海外投資家
2009年 10 11 12 13 14 15 16 17 18 19 20 21
(注)国内投資家にはJ-REIT(不動産投資信託)を含む (出所)CBRE

海外投資家が半数を占める

―コロナ禍での国内不動産投資額、上位企業一覧―

社名	国・地域	投資額（億円）
ヒューリック	日本	5,080
みずほリース	日本	3,050
ガウ・キャピタル・パートナーズ	香港	2,820
テキサス州教職員退職年金	米国	2,690
芙蓉総合リース	日本	2,570
ケネディクス	日本	2,230
ブラックストーン・グループ	米国	2,210
アクサグループ	フランス	2,070
GIC	シンガポール	1,830
GLP投資法人	日本※	1,480
大成建設	日本	1,390
メープルツリー・インベストメンツ	シンガポール	1,300
住友不動産	日本	1,250
ベントール・グリーンオーク	カナダ	1,120
日本都市ファンド投資法人	日本	920
三井住友フィナンシャルグループ	日本	900
M&Gリアルエステート	英国	880
ウエストブルック・パートナーズ	米国	850
三菱地所	日本	710
ラサール・インベストメント・マネージメント	米国	640

（注）2020年10月~22年3月に決済された、10億円以上の物件もしくはポートフォリオでの取引を対象に集計。※GLP投資法人はシンガポール地盤のGLPグループに属する　（出所）MSCI Real Assets

前表は直近の不動産投資額を投資家別に集計したものだ。電通本社ビルに出資したヒューリックとみずほリースに続いて、3位にランクインしたガウ・キャピタル・パートナーズは香港のファンドだ。2014年のハイアットリージェンシー大阪の取得を皮切りに、日本へ上陸。5月には東京や大阪などに点在する賃貸マンション32物件を一括で取得した。圧倒的な資金力こそ、不動産ファンドが誇る競争力の源泉だ。

不動産ファンドの勢いに供給が追いつかず、市場は争奪戦の様相を呈している。「日本での不動産投資を拡大したい。知恵を貸してほしい」。CBREの辻貴史マネージングディレクターの元には、そんな海外投資家からの相談がひっきりなしに舞い込む。「オフィスビルや物流、住宅などあらゆる用途で引き合いがある。多少空室リスクがある物件でも気にしない。日本での実績がない投資家の問い合わせも増えた」。ここ数年、海外投資家による投資額はそれほど伸びていないが、これは流通する物件量が増えていないためだ。

日本の不動産に世界から資金が集まる理由はもっぱら金融緩和だ。「22年の予算は1000億円。23年は1500億円になるかもしれない」。ある外資系不動産ファンドの担当者は事もなげに言う。資金の出し手は年金基金や大学基金、保険、富裕層の資産管理会社だ。

機関投資家は株式や債券など伝統的な資産だけでは潤沢な運用資金をさばけず、不動産にも一定割合を振り向けざるをえない。さらに主要な不動産市場である欧米だけでは消化しきれない資金がアジア、そして日本へとあふれ出る。

日本は諸外国と比べても不動産市場の裾野が広く、東京のみならず大阪など地方での取引も活発だ。取引の制度も整備され、約束はきちんと守られる。政権が変わっても大胆な政策転換が起こりにくい。そして何より、日本だけが超低金利政策を続けている。不動産投資はレバレッジをかけることが通常のため、調達金利が低いほど投資家が得られるリターンも増える。

欧米だけでなく、同じアジアからの投資も進む。ケネディクスの池田総司常務取締役戦略投資本部長は、「韓国の機関投資家の買い意欲が強まっている」と指摘する。3月の大統領選で革新系から保守系へと政権交代が起きた。対日投資を進めやすい環境が醸成されたことが背景にあるとみられる。

ピークといわれて久しい不動産市場だが、天井を打つ気配はまだない。過去の相場を軽々塗り替える取引がまたひとつ出現しそうだ。

日本屈指のビジネス街、東京・大手町に立つ超高層ビル「大手町プレイスイーストタワー」。地上32階建てのビルで、住友商事などが本社を構えている。ビルの大部分(5~31階および低層部共用床の約16%の信託受益権)を保有する国が売却の意向を示しており、22年9月に入札が実施される予定だ。手続きを代行するみずほ信託が2月に入札要項を公開すると、瞬く間に不動産ファンドなど数十社から問い合わせを受けるなど、注目度は高い。

簿価2400億円に対して、当初売却価格は電通本社ビルと同水準の3000億円規模という見方が有力だった。だが、別の不動産ファンド幹部は「3000億円ではとても落札できない。4000億円も視野に入れつつ、数字をはじいている」と打ち明ける。

存在感薄い国内勢

不動産ファンドの存在感は一層強まる。3月、不動産業界を驚かせた買収劇があった。米投資ファンドKKRが、J－REIT（不動産投資信託）運用会社で最大手の「三菱商事・ユービーエス・リアルティ」を2300億円で買収すると発表した。

KKRはプライベートエクイティー（以下、PE）ファンドでは世界大手だ。日本には2006年に参入し、直近でも西友など多くの企業買収を手がけてきた。

不動産についてもファンドを組成・運用してきた。だが、「（日本だけは）15年ごろから入札に参加してきたものの、競争が激しくこれまで取得実績がなかった」（KKR不動産部門マネージング・ディレクターのデイビッド・チョン氏）。運用会社買収を通じて空白地帯を埋めるほか、成長の見込める日本の不動産に中長期的に関与する姿勢を誇示した形だ。

鼻息荒い不動産ファンドに対して、国内のデベロッパーの存在感は薄い。「われわれは開発が仕事。完成したビルを買うファンドとは違う」。大手デベロッパー幹部は言い切る。老朽ビルならまだしも、築年数の浅いビルを取得する意義は乏しいという。取得競争に熱を上げるファンドとは一線を画し、土地を買うのではなく再開発などで「つくる」ことに精を出す。

既存ビルの取得にしても、不動産ファンドのような転売が主眼ではない。20年11月、住友不動産は東京都港区のJT本社ビルを取得した。95年の竣工で築年数が経過している。現状はオフィスビルとして賃貸しているが、長期的には建て替えも視野に入れる。

不動産ファンドとデベロッパー。それぞれの土俵で繰り広げられる両者の乱戦模様を追った。

（一井　純）

「日本の不動産は米国に次いで有望だ」

KKR不動産部門マネージング ディレクター・デイビッド・チョン

中国やオーストラリア、韓国、シンガポールなどで不動産投資をしているが、日本は米国に次ぐ重要な市場だ。マーケットの規模が大きく、取引も活発で流動性が高い。なおかつ不動産業が1つの業界として確立し、不動産人材が豊富に存在する。2021年に組成した「アジア不動産1号ファンド」においては、日本への配分も多い。

主な用途はホスピタリティー（ホテル）、オフィス、マンション、物流施設だ。リテール（商業）も今は軟調だが、利益が生めるなら構わない。流動性があれば東京以外の都市でもいい。

ポテンシャルが最大化されていない不動産を取得して、価値を引き上げることを目指す。日本ではまだ実績がないが、韓国などでは自ら土地を取得し開発したこともある。不動産会社は不動産しか買えないが、われわれはＰＥやインフラ施設に投資するファンドも運用しており、パワフルな提案ができるだろう。

日本一の運用会社に

２０２２年４月にＪ－ＲＥＩＴ運用会社のＭＣ－ＵＢＳＲ（現：ＫＪＲマネジメント）を買収した理由の１つは、期限が到来したら償還されるファンドではなく、半永久的に運用できるファンドを持ちたいと望んでいたことだ。資産規模を拡大させつつ、期限を定めずに運用ができるＲＥＩＴは魅力的だ。

不動産人材も理由の１つだ。オルタナティブ投資（株式などの伝統的な資産以外への新しい投資）には、専門的な知見を備えた人材が少ない。ＫＫＲは買収によって１７０人規模の従業員を抱えるプラットフォームを得た。

投資には通常出口があるが、運用会社を売却することは考えていない。その証拠に、買収資金である2300億円は、ファンドではなくKKRの自己資金から拠出した。米国本社も、それだけ期待を寄せているということだ。

買収価格については、KKRが単独で交渉したわけではなく、入札プロセスを経た結果だ。二番手の入札参加者が提示した金額とも大きく乖離していない。運用会社からの収益だけでなく、KKRが展開しているビジネスとのシナジーも考慮した金額だ。

KJRが運用する「産業ファンド」と「日本都市ファンド」だけで、すべての不動産をカバーできるわけではない。投資基準の異なるREITやファンドを立ち上げることも一案だ。個人的にはKJRの資産規模を拡大させていき、日本、あるいはアジアの中で最大級の運用会社に育成したい。

（構成・一井　純）

デイビッド・チョン（David Cheong）

リーマン・ブラザーズやリム・アドバイザーズでアジアの不動産投資を担当。2015年から現職。

不動産ファンドの稼ぎ方

名前は聞くものの、実態が見えづらい不動産ファンド。彼らがどのようにして不動産に投資しているかを見ていこう。

不動産ファンドの仕事を単純化すればこうだ。投資家から資金を集めて物件に投資し、一定期間運用後に売却。投資家に利益を分配して投資を完結させる。取得時や売却時の成功報酬、運用手数料などがファンドの稼ぎだ。多くの物件を取得・運用し、あるいは高値で売却するほど報酬が増えていく。

まずは、原資となる資金を投資家から募ることから始まる。資金の出し手である投資家が注目するのは、どの地域の、どんな用途の物件に投資するかだ。例えば、米ＫＫＲが２０２１年１月に組成した「アジア不動産１号ファンド」は、アジア諸国の不動産を対象に、約1768億円を調達した。資金の出し手は年金基金や政府系ファンド、保険会社、富裕層など。大口投資家に対しては、オーダーメイドで対応する場合もある。

地域や用途のほか、ファンドごとの投資スタンスも重要だ。不動産ファンドには投資の目的によって4つの投資スタイルがある。

ビジネスモデルは4つのスタイル
—不動産ファンドとデベロッパーの違い—

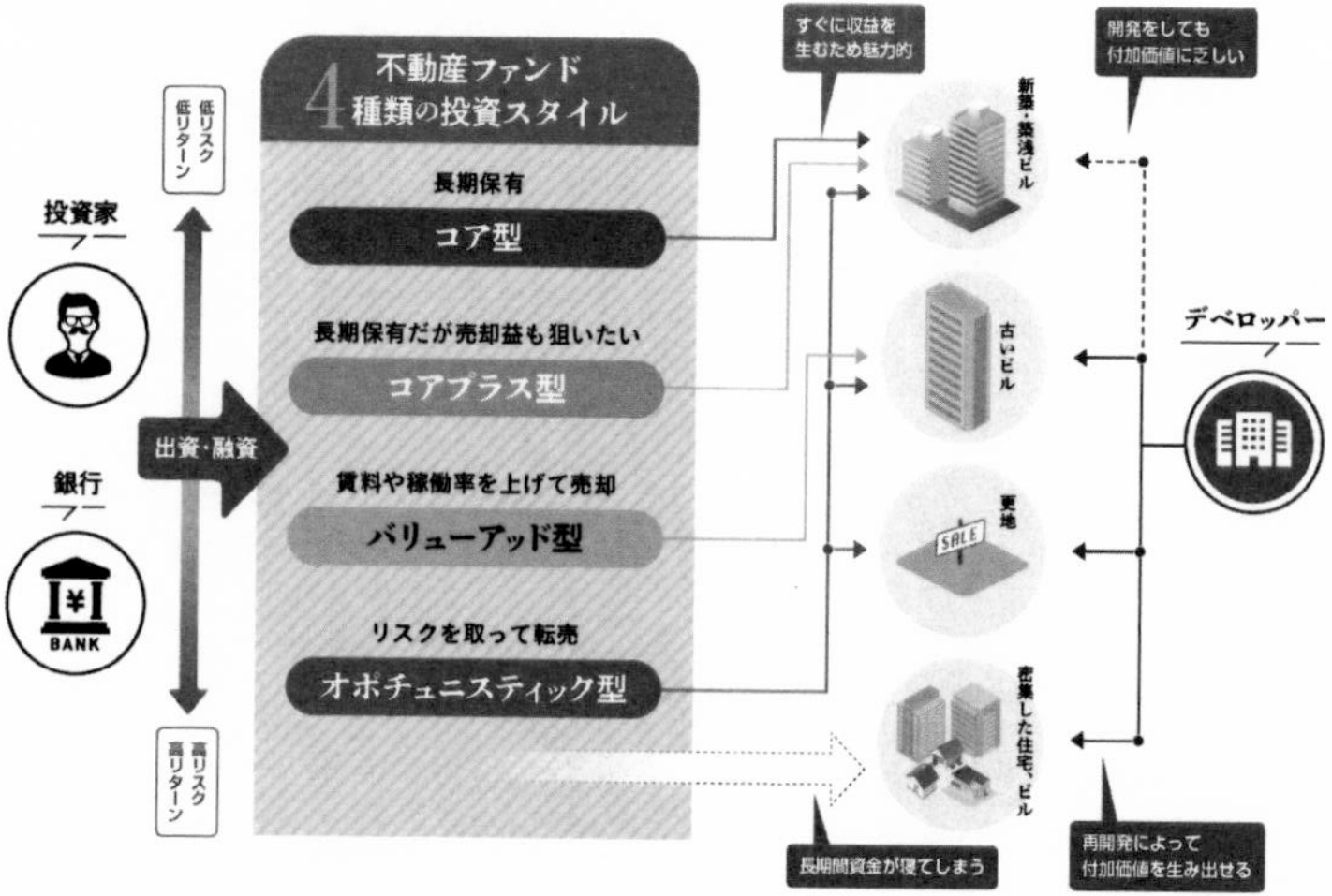

最も単純なのは「コア」と「コアプラス」。安定志向で、一等地で資産価値の高い物件を好む。売却益よりも手堅い賃料を重視する。

リターンは大きくないが損失を被るリスクも低いため、保険や年金など超長期の資金を運用する投資家からの引き合いが強い。投資対象は、不況期でも賃料や稼働率が底堅い賃貸マンションが人気だ。

コアやコアプラスよりもリスクを取るのが「バリューアッド」だ。狙うのはきれいなビルでなく、老朽化したビル。競争力が落ちた物件を安く取得し、リフォームを施して再生。賃料を引き上げたり空室を埋めたりして価値を高めたのちに、売却して差益を得る。どこまで工事に手間をかければ目標とする賃料や稼働率に到達できるかの目利き力が試されるため、賃料相場が成熟しているオフィスビルを投資対象とする例が多い。

そして、不動産ファンドの中で最もリスクを取るのが「オポチュニスティック」だ。もっぱら短期間で大きな利益を得ることが目的で、収益機会が見込める物件はすべてが投資対象だ。転売はもちろん、デベロッパーのように自社開発まで行うファンドもある。

無事に資金が集まったら、次の仕事は物件の取得だ。実は、昨今の不動産ファンドにとってはここが最も悩ましい。ある外資系不動産ファンドの幹部は頭を抱える。「運用難から、黙っていても不動産に資金が集まる。一方で、肝心の物件は競争が激しくて買えない。いつまでも買えていないと、投資家に機会損失が発生する」。

とくに新興の外資系ファンドにとって苦しいのは、売り物件の情報がなかなか回ってこないことだ。不動産会社や事業会社など売り手とのツテに乏しい彼らは、仲介会社が頼りだ。だが、仲介会社は投資実績がないファンドよりなじみの不動産会社やファンドを優先してお宝物件の情報を流す。

結果、実績の乏しい外資系ファンドに流れてくるのは公開の入札案件だけ。高値づかみを承知で落札せざるをえないことも多い。競争を避けようと、新築物件の竣工を待つ代わりに、デベロッパーが土地を仕入れた時点で「フォワードコミットメント」と呼ばれる購入予約を結ぶことも盛んだ。

物件取得の際は、投資家からの資金のみならず銀行からの融資も受ける。ファンドや投資先の物件にもよるが、コアでは5割、オポでは8割程度を融資で賄う。レバレッジをかけるほど投資家のリターンが大きくなる反面、不動産市況が崩れて返済が滞った場合に物件を没収されるリスクは高まる。

無事に物件を取得できたら、次の仕事は「運用」だ。それぞれ運用期間を定めており、その間は物件の維持管理や投資家への定期的な分配・報告を行う。

外資系不動産ファンドの中には、運用を日本企業に任せている場合も多い。中堅デベロッパーのトーセイは2019年、ドイツの保険大手アリアンツから国内の賃貸マンション計82棟、総額約1300億円の運用を受託した。同社は米ブラックストーンなど外資系からの受託が豊富で、全体の運用残高は2月末時点で1・5兆円に上る。

デベロッパーの開発力

一方で、三井不動産や三菱地所などのデベロッパーは、不動産ファンドとはビジネスモデルが異なる。主な業務は開発だ。土地を仕入れて建物を建設し、開発した物件の賃貸・売却を繰り返す。

開発を求めるデベロッパーにとって、不動産ファンドが欲しがる新築や築浅のビルは、実はあまり関心がない。建て替えても収益力の伸びしろが小さいためだ。近年大型ビルの売却事例が多いが、手を挙げるのは不動産ファンドばかりで、デベロッパーの名前を聞かない理由はここにある。

デベロッパーが注力するのは、複数の住宅やビルなどをまとめて1つの大型物件にする「再開発」だ。無数の土地・建物所有者と交渉を進め、合意を得ていく。行政にとっても街づくりにつながることから、事業費の一部は補助金で賄われる。容積率の緩和も受けられるため、収益性が高い。

一方で、再開発の実現には10年単位の期間を要するうえ、合意が得られず頓挫したり、急な景気変動で事業性が狂ったりするリスクと隣り合わせだ。長期間資金が寝るうえに専門性も高く、オポファンドでさえ難しい芸当だ。

最近では、デベロッパーと不動産ファンド両方の顔を持つヒューリックや、デベロッパーとゼネコンの両輪経営が特徴の大和ハウス工業が業績を伸ばしている。新勢力の台頭で、デベロッパーの序列が変わりつつある。

（一井　純）

【外資の戦略眼①】ハイリスク&ハイリターン

外資系ファンド「一獲千金」術

不動産ファンドの中にも投資目的の違いによって4つの類型がある。前述のようにコア型やコアプラス型は、賃料を享受するべく中長期で不動産を保有するシンプルな投資手法を採る。

反対に、短期間で一獲千金を狙うのがオポチュニスティック（オポ）型やバリューアッド型だ。不動産の潜在価値を引き出し、あの手この手で収益機会を探るこれら2類型の存在感が増している。

在庫リスクを果敢に取る ―オポチュニスティックファンドの流れ―

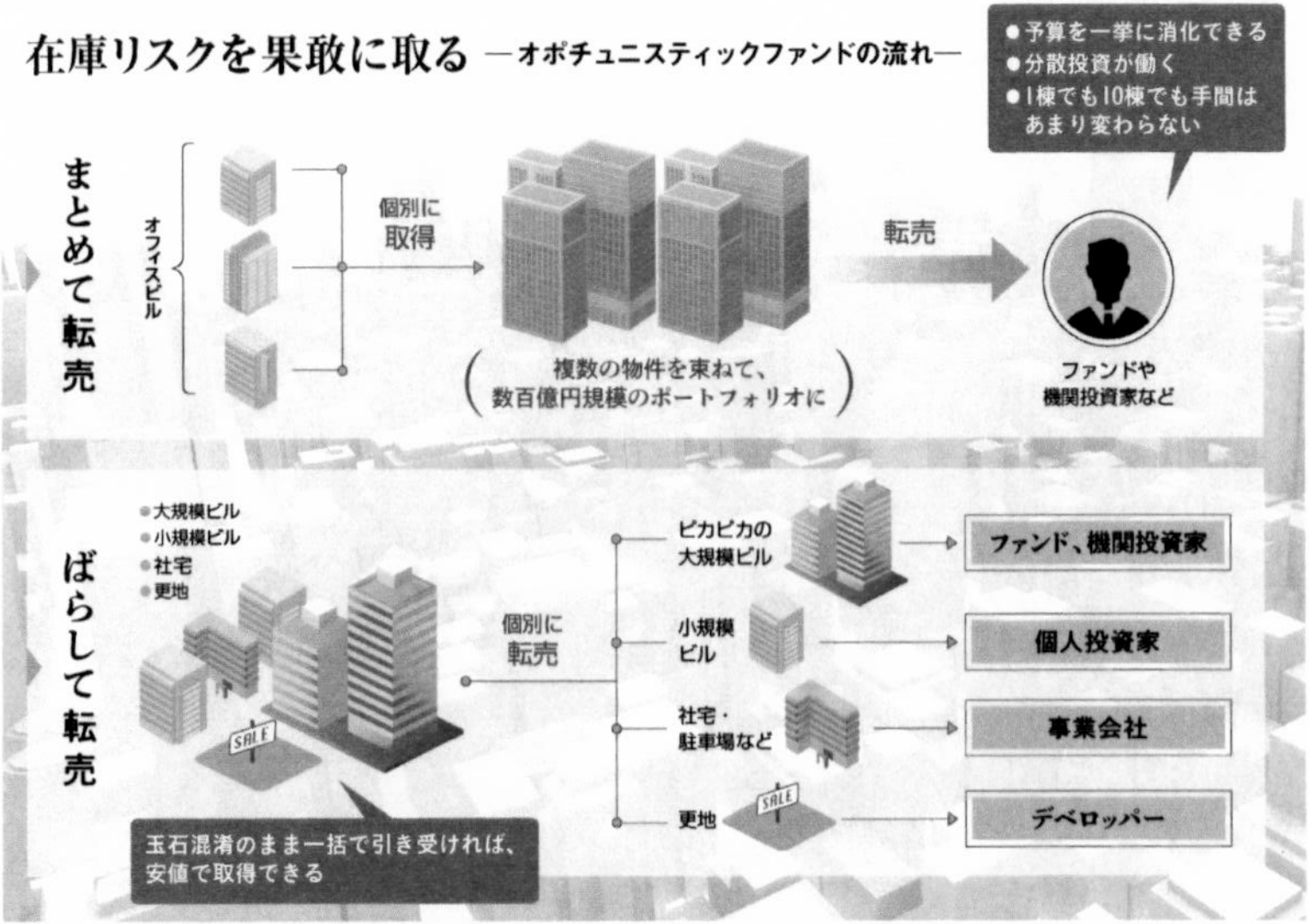

東京都港区の青山通り沿いに屹立する18階建ての真新しいビルは、エンタメ大手エイベックスの「元」本社ビルだ。エイベックスは2021年3月にビルをカナダの不動産ファンド、ベントール・グリーンオークに約720億円で売却。22年3月に麻布十番にある別のビルに移転した。エイベックスと入れ替わる形で人材大手のパソナグループが22年夏をメドに1棟借りする予定だ。

幻の「プランB」

ビルの売却が検討されたのは20年夏。当時すでにエイベックスは退去する方針を固めていたが、後継テナントはまったくの未定だった。パソナが首を縦に振らなかった場合、丸ごと空室となったビルはどうなるのか。その懸念への対策として、実はグリーンオークには「プランB」があった。ビルの建て替えだ。

「賃貸効率が悪すぎる」。エイベックスビルの取得を検討していた、ある不動産関係者はそうこぼす。

自社ビル仕様で建設された経緯から、エイベックスビルは同等の高層ビルと比較して収益性に劣る。最も賃料の取れる1、2階は吹き抜けのロビーとなっており、ダンスや撮影、レコーディングのスタジオなど通常のオフィスビルにはない設備も多い。延べ床面積に占める賃貸可能面積は、大規模ビルであれば通常7割程度は求められるところ、エイベックスビルでは5割に届くかどうかだった。

難渋する他社を尻目に踏み込んだ価格を提示したのがグリーンオークだった。まずビルを1棟借りするテナントを探す。廊下など本来共用部に当たる部分も1棟借りであれば専有部として貸せるため、フロアごとに別の企業に貸すよりも賃料が伸びるとの算段だ。

後継テナントが見つからなかった場合の次善策が、建て替えだ。ある不動産ファンド幹部は、「入札参加時点でゼネコンと組み、ビルの建て替え計画を描いていた」と打ち明ける。賃貸可能面積が増えるだけでなく、余らせていた容積率を活用して高層化できれば、建設資金を十分賄える収益を生み出せる、という見立てだった。

取得時点で築3年のビルを建て替える大胆な計画だったが、日の目を見ることはなかった。グリーンオークはオフィス仲介会社に依頼し、エイベックスビルの後継テナントを探す特命チームを組成。1棟借りをするテナントの誘致に奔走し、引き当てたのがパソナだった。パソナが本社を構える東京・大手町の「日本ビルヂング」は建て替えに伴い22年内の閉館が予定されている。移転先を探す中、都心で広い面積を借りられるエイベックスビルは好都合だった。

あまたある外資系不動産ファンドの中でも、グリーンオークはオポファンドとして知られる。エイベックスビルについても、パソナ入居後にフル稼働の収益物件として別の投資家に転売するもようだ。

より高い価格で取得する買い手を見つけられるかが、オポファンドの腕の見せどころといえる。その真価が問われるのが、事業会社が保有する不動産をまとめて放出する「バルクセール」だ。複数の不動産を一括して安価で引き取り、個別の不動産ごとに買い手を見つけ、ばら売りして利益を得る。

不動産業界で注目を集めたのが、2019年に武田薬品工業が実施したバルクセールだ。売却先は、やはりグリーンオーク。武田が新設した不動産子会社の株式を譲受する形で、グリーンオークは国内の不動産21物件を取得した。目玉物件である大阪市内の武田御堂筋ビルから地方の駐車場まで、まさに玉石混淆のポートフォリオだった。

売却後、各物件は誰の手に渡ったのか。不動産登記簿を追っていくと、武田御堂筋ビルは取得から4カ月足らずで鹿島建設へと転売されていた。鹿島は同日、仙台市内の築年数の経過したオフィスビルもグリーンオークから取得した。

東京都新宿区内にある武田の旧社宅は、19年11月に首都圏不燃建築公社が取得。福岡市内の駐車場は、翌20年3月に地元の石油会社の手に渡った。バルクセールの転売は、それぞれの物件特性に応じた買い手を探し当てられれば転売益が期待できる一方、買い手が見つからなければ不良在庫を抱えかねない。ハイリスク&ハイリターンな取引だ。

複数の物件を個別にばらすファンドがいれば、逆に個別の物件を複数まとめるファンドもいる。

東京都中央区内の8階建てオフィスビル。1988年築で年季の入った中規模ビルが21年7月、取引にかけられた。取得したのは米投資ファンドのブラックストーン・グループだ。9月に入ると、内装業者など工事関係者が頻繁に出入りするようになった。低層部の外壁は青いタイル張りから石張り風へと替えられ、無機質だった共用部が木目調になりデザイン性が向上した。空き区画だった一部フロアにも、リフォーム工事がなされたようだ。

既存ビルを改修・再生し、転売するビジネスは、主に国内の中小不動産会社が手がけていた。ビルの顔であるエントランス周辺を中心に改装してイメージを向上させ、賃料や稼働率を改善させて売却時の価格を引き上げる。再生物件は相続税対策商品として富裕層に売却されるのが通例だ。

ブラックストーンが出口戦略として視野に入れるのは、個人の富裕層だけではない。これまで都内で多くの中小オフィスビルを取得していることから、数棟、数十棟単位のビルを1つのポートフォリオとして、機関投資家などに転売することも検討しているようだ。

「300億円規模のポートフォリオが最も引き合いがある」。都内の不動産仲介会社はこう明かす。機関投資家にとっては、数棟でも数十棟でも、取引にかかる手間はさほど変わらない。むしろまとめて取得するほうが、投資家から受託した運用資金を一挙に消化でき効率的だ。取得価格にもその分だけプレミアムがつくことになる。

ばら売りから方針転換

物件の転売からさらに踏み込んで、1つの事業に仕立て上げる動きもある。米投資ファンドのローンスターがスルガ銀行から取得した「かぼちゃの馬車」などのシェアハウスが好例だ。

かぼちゃの馬車はスルガ銀の債務者が保有する物件だったが、当初の収益を得られずトラブルとなり、スルガ銀が事実上の債権放棄と引き換えに取得した。

2020年に初回の入札が行われ、ローンスターは首都圏のシェアハウス計343物件を440億円で取得。当初は個人投資家にばら売りする予定だった。だが、スルガ銀がさらにシェアハウスを売却すると知ると方針を転換した。規模の経済を働かせて、家賃の安い若年層向けの賃貸住宅事業に仕立て上げた後に売却するほうが、単なる転売より付加価値がつくと踏んだ。

21年と22年も入札が行われ、ローンスターは計1213物件を取得。スルガ銀が22年中に実施予定の次の入札にも手を挙げる構えだ。

ローンスターは3月より、上京してくる10代から20代のいわゆる「Z世代」を念頭に、月3万~7万円と家賃が安い「シェアアパート」として入居者募集を開始。対象物件の多さから、維持管理コストの削減や入居者のあっせんなどで相乗効果を追求する。稼働率がコロナ禍前と同水準の9割前後に戻った段階で、不動産というよりもシェアアパート事業として24年以降の売却を狙う。

目の前の不動産をどう料理すれば最大の利益を創出できるか。不動産ファンドたちの知恵比べはとどまるところを知らない。

（一井　純）

国内不動産投資額ランキング

日本に投資する海外投資家の顔ぶれ

2020年10月から22年3月までの外資系ファンドによる国内不動産投資額を、調査会社のデータを基にランキング形式でまとめた。

国内不動産投資額ランキング

日本に投資する海外投資家の顔ぶれ

順位	社名	国・地域	投資額（億円）	物件数	備考
1	ガウ・キャピタル・パートナーズ	香港	2,820	24	アジア地盤の独立系不動産ファンド。2022年5月にも日本の賃貸マンション32物件を取得
2	テキサス州教職員退職年金	米国	2,690	22	運用会社名義での購入が大半。取引で直接名前が出ることはあまりない
3	ブラックストーン・グループ	米国	2,210	58	オルタナティブ投資で世界大手。不動産のほかプライベートエクイティーなど全方位に展開
4	アクサグループ	フランス	2,070	12	保険大手。日本では賃貸マンションに注力し、21年に都心部のタワーマンションを取得
5	GIC	シンガポール	1,830	19	シンガポール政府の外貨準備を運用。プリンスホテルなど31物件を西武ホールディングスから取得予定
6	メープルツリー・インベストメンツ	シンガポール	1,300	4	日本では物流施設の開発実績が豊富
7	ベントール・グリーンオーク	カナダ	1,120	2	18年に米不動産ファンドとカナダの保険会社系ファンドが合併。エイベックスビル取得で話題に
8	M&Gリアルエステート	英国	880	34	保険大手のプルデンシャル系。マンションや都心オフィスなど安定稼働物件に照準
9	ウエストブルック・パートナーズ	米国	850	3	独立系不動産ファンド。アジアでは日本のみに投資
10	ラサール・インベストメント・マネージメント	米国	640	5	不動産投資で世界大手。運用のほか、日本でも物流施設に特化したREIT（不動産投資信託）を上場
11	サヴィルズ・インベストメント・マネージメント	英国	600	16	仲介や市場調査などの不動産サービス世界大手。東京・天王洲のJTB本社ビルを取得
12	モルガン・スタンレー	米国	530	12	リーマンショック以前は不動産ファンド「MSREF（メズレフ）」で大規模に投資
13	アリアンツ	ドイツ	420	47	保険大手。19年に国内の賃貸マンション計82物件を約1300億円で取得
14	メープルツリー・ロジスティクス・トラスト	シンガポール	410	2	シンガポール証券取引所に上場するREIT。日本の物流施設を19物件保有
15	メープルツリー・ノースアジア・コマーシャル・トラスト	シンガポール	390	1	シンガポール証券取引所に上場するREIT。日本のオフィスビルを9物件保有
16	プロロジス	米国	390	4	世界最大手の物流施設デベロッパー。日本でも物流施設に特化したREITを上場
17	PGIMリアルエステート	米国	370	12	保険大手のプルデンシャル系。銀座など商業施設への投資に特色
18	CBREインベストメントマネジメント・ジャパン	米国	340	2	仲介や市場調査などの不動産サービス世界大手。物流施設開発を展開
19	大信証券	韓国	330	4	大手証券会社。取得した日本の不動産を小口化して投資家に再販も
20	復星国際	中国	310	5	上海地盤のコングロマリット。14年に日本の不動産ファンド運用会社を買収

（注）2020年10月～22年3月に決済された国内の不動産取引を集計　（出所）MSCI Real Assets

1位は香港ファンドのガウ・キャピタル・パートナーズ。日本では14年にハイアットリージェンシー大阪を取得。横浜のみなとみらいセンタービルなど大型物件への投資実績も多い。

2位のテキサス州教職員退職年金をはじめとして、海外の年金基金や大学基金は日本の不動産にも多く投資している。ランクインしているほかのファンドや日本の不動産ファンド運用会社も、資金の出所をたどればこうした大口投資家にたどり着くことが少なくない。

4位のアクサグループや13位のアリアンツは中長期目線の保険会社らしく、投資先も安定稼働が売りの賃貸マンションが多いようだ。6位のメープルツリー・インベストメンツは、デベロッパーや16位のプロロジスのように、自ら土地を仕入れて物流施設を開発するのが特徴だ。

（一井　純）

老舗ホテル「買収」の全内幕

「日本のホテルは海外投資家から人気だ」。都内で海外投資家向けに不動産取引のアドバイザリー業務を行うポスト・リンテルの許斐茜取締役は話す。「訪日外国人の流入が復活すれば、ホテル需要は戻る。回復が見込める資産に投資しない手はない」。

同社は2022年3月、新宿区内のビジネスホテルの売買を支援した。売り手は国内のデベロッパー、買い手は香港のファミリーオフィス（富裕層の資産管理会社）だ。

「みんなホテルを物色している。今から行列に並んでも、買えないかもしれない」。コロナ禍当初の2020年春、不動産ファンドのある幹部からこのような発言が飛び出した。コロナ禍が収束し、人流の制限が緩和され往来が復活すれば、ホテルの稼働は元に戻る――。そう確信した投資家たちが、一斉にホテルを買いに走った。

21年11月には、香港のファンド、ベアリング・プライベート・エクイティ・アジア（BPEA）が、東京建物から大阪市内のホテルを取得した。客室数300超の大型ホテルだが、取得当時は休館中。BPEAは運営会社を変更し、同年12月に営業を再開させた。やはり、コロナ収束後の訪日外国人の復活を見込んだ動きだ。

鉄道会社の利点が消失

あまたあるホテル取引の中でも、とくに耳目を集めたのは鉄道会社の保有物件をめぐる大型取引だ。近鉄グループホールディングス（GHD）、西武ホールディングス（HD）、そして小田急電鉄。いずれも保有ホテルの売却に踏み切り、買い手は軒並み外資系だ。

「企画力では勝てないが、不動産開発ではデベロッパーよりも有利な点がある」。ある鉄道会社の不動産開発部署の幹部は、コロナ禍前の19年にこんな話をしていた。

鉄道会社の本業である運輸業は、毎日安定した収入をもたらす。都市部の通勤・通学需要は、景気変動による落ち込みも限定的。盤石なキャッシュフローを後ろ盾に、金融機関からも好条件で資金を調達できる。潤沢な資金があったからこそ、開発した不動産を売却せず、保有し続けることができた。

ところが、消えるはずのなかった輸送需要がコロナ禍で蒸発した。運賃収入の途絶えた鉄道各社が着手したのが、資産売却による資金の捻出だ。その過程で保有する不動産が切り出され、外資系ファンドが受け皿となっていった。

鉄道会社による不動産のオフバランス需要をいち早く捉えたのが、米投資ファンドのブラックストーンだった。「いつの間に交渉を進めていたのか」。ある不動産ファンド幹部は舌を巻く。2021年3月、近鉄GHDは「都ホテル 京都八条」など計8物件・2294室を、ブラックストーンに売却すると発表した。売却価格は推定約600億円。近鉄GHDは新たなオーナーとなったブラックストーンからホテルの運営を受託する。

ブラックストーンが国内の鉄道会社との接触を図り始めたのは20年6月ごろ。大半の鉄道会社を回り、ホテルの所有と経営の分離を提案する中で、関心を示したのが近鉄GHDだった。折しも、近鉄GHDはブラックストーンが訪れる前からホテルの分離を検討していたようだ。コロナ禍で本業に加えてホテル、観光事業などが窮地に陥る中、ブラックストーンの提案は固定費削減と運営の効率化に資すると判断した。

売却の協議は徹底して秘密裏に行われた。公式発表に先立って売却の事実が漏洩すると、ホテル従業員の士気に響きかねない。丸の内に日本法人を構えるブラックストーンが関西に足しげく通えば、何らかの取引が進んでいるとの臆測を招く。そこで近鉄GHD側が上京したりリモート会議を織り交ぜたりと、情報管理を徹底した。

売却後、まずは旗艦物件である「都ホテル 京都八条」および「ホテル近鉄ユニバーサル・シティ」について、数十億円を投資し22年度中に改装に着手する。需給バランスに応じて宿泊料金を上下させるシステムや予約管理のデジタル化も進めるほか、売却による固定費削減や外注作業の内製化などで、近鉄GHDはホテル事業の損益分岐点を20%下げる。

近鉄GHDに続いて、ホテルの売却を決断したのが西武HD。22年2月、西武HDは「プリンスホテル」やゴルフ場、スキー場など国内のリゾート計31施設をシンガポールの政府系ファンド・GICに約1500億円で売却すると発表した。近鉄GHD同様、売却後西武HDがGICから運営を受託する。

GICに出資するのはシンガポール政府だ。外貨準備の運用を主目的に、1981年に設立された。株式や債券など世界中のあらゆる資産に投資している。日本では03年に竣工した「汐留シティセンター」を保有するなど、外資系の中では古株だ。ホテルについても、08年に東京・恵比寿の「ウェスティンホテル東京」を取得した。

実は、プリンスホテルなどの売却先がGICと判明するや否や、不動産業界から驚きの声が上がった。GICという名前が意外だったのではない。「きっとブラックストーンが取得するだろうと思っていた」（不動産関係者）ためだ。

プリンスホテルなどの入札が本格化したのは21年秋ごろ。外資系不動産ファンドが関心を示し、最終候補としてブラックストーンとGICが残った。当時、ブラックストーンはすでに近鉄GHDからホテルを取得した実績があり、不動産業界には「ブラックストーンで決まりだ」との空気が漂っていた。提示した金額もブラックストーンのほうが高く、西武ＨＤも当初はブラックストーンに売却する方針で調整を進めていた。

ところが、途中から風向きが変わり、ＧＩＣへの売却が決まった。売却理由について西武ＨＤの広報担当者は「長期的かつ強固なパートナーシップ構築という観点を含め総合的に検討した結果」としているが、関係者の話を総合すると、両者の投資スタンスの違いが番狂わせを引き起こしたようだ。

ブラックストーンは近鉄ＧＨＤから取得したホテルで示すように、ホテルの運営体制を改革し、収益性を向上させる方針だ。そのメドが立った段階で、いずれはホテルの売却も視野に入れる。

対照的なのがＧＩＣだ。資金の出し手が政府であり、長期での運用が前提だ。短期で収益性を向上させる必要がないため、一定のリターンさえ享受できればよく、運営には介入してこない。さながら「大家業」に徹するＧＩＣの姿勢が、従来の運営体制を維持したい西武ＨＤには魅力的に映った。

今から１５年前の西武ＨＤの苦い経験を指摘する向きもある。２００６年から

07年にかけて、当時経営難に陥っていた西武HDは不動産を相次いで売却した。このうち、北海道の「ニセコ東山プリンスホテル」など多数のリゾート施設を取得したのが、米金融機関のシティグループだ。

施設の取得後、シティは効率化のため運営に大胆なメスを入れた。当時、再建に携わった元シティ幹部は言う。「赤字にもかかわらず、従業員の賃金は同業の施設と比べて圧倒的に高かった。地方のスキー場のリフト係でさえ年収600万円を超えていた」。希望退職こそ募らなかったが、まずは賃金を一律3割カット。人事制度も年功序列から成果主義へと切り替えた。

当時の契約では、シティは取得から1年2カ月の間「プリンスホテル」の商号を使用する権利を与えられた。だが、契約満了後、ホテルの看板は次々と別のブランドのものに掛け替えられた。「一種のショック療法だ。自分たちは売られたんだ、という事実を従業員に理解させる必要があった」(同)。

現在、ニセコ東山プリンスホテルの新館はヒルトンブランドに変わっている(上写真)。同じくシティが取得した青森県内の「鰺ヶ沢プリンスホテル」や群馬県内の「水上高原プリンスホテル」も、別の名称で営業している。

今回はGIC、ブラックストーンともに、従業員の雇用やプリンスホテルのブランド維持を主張していた。だが、本当に約束が守られるのかという疑念を払拭できず、長期目線の政府系ファンドという「運営に口を出さなそうな安心感」（不動産関係者）を、西武HDが重視したとみられる。

ただし、ある不動産ファンド幹部はこうも指摘する。「不採算が続けば、GICとて別の投資家への売却を検討するだろう。より激烈に改革を推し進める投資家が取得する可能性もある」。GICはどんな青写真を描いているのか。プリンスホテルを含むリゾート施設は、22年9月に引き渡される。

ハイアットも売却へ

直近でもホテルの売却劇が起きた。小田急電鉄が保有する新宿の「ハイアットリージェンシー東京」だ。小田急は隣接する大型オフィスビルと合わせて今春に入札を実施。取材によれば、ホテルとオフィスビルを合わせ約1400億円を提示した米投資ファンドのKKRが優先交渉権を得た。

小田急電鉄は2029年度をメドに、新宿駅西口で48階建て複合ビルの開発を予定している。共同事業者である東急不動産と合わせた投資額は2000億円を見込んでおり、開発に伴う資金需要が売却の一因とみられる。売却は21年から検討が進められ、入札ではKKRを含む複数の外資系不動産ファンドが参加した。

KKRは事業会社への投資こそ実績豊富だが、不動産投資では後発組だ。21年10月にサンケイビルから取得した大阪市内のオフィスビルが、純粋な不動産投資としては第1号となった。22年3月にも銀座のオフィスビルを取得するなど、全国で投資対象となる不動産を物色している。

KKRの旺盛な買い意欲は目を引く。「入札があると、大体KKRが一番札だ」。不動産仲介会社はこう打ち明ける。別の不動産関係者は、「後発組だけに他社との差を縮めようと、とにかく何でも買おうとしている」と指摘する。実際、ハイアットの入札ではKKRは価格で二番手に大差をつけ、勝負を決したようだ。

6月中旬時点でハイアットの最終的な契約はまだだが、気がかりなのは資金調達だ。KKRがスポンサーを務めていた大手自動車部品メーカー・マレリホールディングスが3月に事業再生ADR（裁判外紛争解決手続き）を申請したことで、金融機関の心証が悪化しているためだ。

不動産投資の資金調達にも影響を及ぼす可能性はあるものの、「KKRの強みは圧倒的な資金力」（不動産ファンド）であり、借り入れが難航した場合は自己資金の拠出を増やす可能性もある。

保有一辺倒から売却による資産効率向上へと軸足を移し始めた鉄道会社の動きを考えると、外資系ファンドによるホテル争奪戦は当面続きそうだ。

（一井　純）

「改装だけが再生ではない」

ブラックストーン・グループ・ジャパン代表取締役　橘田大輔

2020年春は米国でもコロナ感染者数が増加していたが、6月になってロックダウンが緩和されると、われわれがラスベガスで持っているホテルに多くの宿泊客が来た。旅行に対する欲望は強いと感じ、思い切ってホテル投資に踏み切るべきだと判断した。

鉄道会社の本業である運輸業は、一時的な落ち込みであろうと厳しい。収入が減少していても、鉄道の安全のために設備投資を継続する必要があるからだ。彼らが持っているホテルはどれもすばらしく、いかようにも再生できる余地があった。20年6月ごろから国内の大半の鉄道会社を回り、所有と経営の分離を提案してきた。

近鉄グループホールディングスに対しては、決断を急がずに、お互いにしっかり関係を築くことを重視した。雇用の確保が前提条件だったため、今回は極めて特殊な買収ストラクチャーを組んだ。従業員は都ホテルに所属したまま、われわれはホテル資産と設備だけを取得する。そのうえで、総支配人や部門長を近鉄ＧＨＤから派遣してもらう。

京都は団体旅行の需要が強いが、「都ホテル 京都八条」のように広大な駐車場を備え、観光バスを止められるホテルはほぼない。宿泊料金は、需給に応じて宿泊単価を変動させるシステムを導入する予定だ。２２年夏からは予約管理のデジタル化や客室の改装も本格化させる。収益がいつ回復するかは明言できないが、3～5年の期間で考え、焦らず回復を待つ。旗艦ホテルである「都ホテル 京都八条」は、立地がよく認知度も高いが、施設の老朽化が進んでおり、客室やレストランの改装を進める。

お金をかけて改装することだけがホテルの再生ではない。私はかつてウェスティンホテルでルームサービスを担当していたが、当時教え込まれたのはお客さんへの声かけだ。チェックイン後、荷物を客室まで持っていくのに5分から１０分の時間があり、エレベーターというプライベート空間ではお客さんと2人きりで話せる。その間にホテルをどう売り込むか。

例えば、客室に入ってすぐに仕事をしたいビジネスパーソンが相手なら、「ご夕食はどうされますか。ルームサービスでは軽食を何時にお持ちできます」と言うと、「じゃあそれでよろしく」となるケースは多い。従業員教育の拡充や士気向上を図るほか、地域社会に溶け込むべく、21年末には地元の子どもたちのために当社社員がクリスマスパーティーも開いた。

近鉄以外との協業もあり

この数年はホテルが好調だったため、極論、何もやらなくても儲かった。コロナ禍で稼働率が急落して固定費だけがかさむホテルを前に、ビジネスの大変さを痛感した事業者も多いのではないか。

とくに安価なビジネスホテルは、供給過剰でコモディティー化してしまった。駅から近くてきれいならどこでもいい。その中でブランドを訴求しても、正直に言って誰にも伝わらない。ラグジュアリーホテルならまだ伸びしろがある。

ほかの鉄道会社との協業はもちろんありうる。雇用とブランド、2つの維持は約束する。われわれのファンドは投資できる額が大きい。ただ、「ホテルは高く売るがわれわれの言うことは聞きたくない」という会社への投資は難しい。耳の痛い話でも聞いてもらうことが大事だ。

（構成・一井　純）

橘田大輔（きった・だいすけ）
米コーネル大学ホテル経営学部卒業後、ドイツ証券不動産投資銀行部で日本の不動産取引を担当。2008年にブラックストーン・グループ入社。不動産グループの責任者を務める。

【外資の戦略眼③】会社資産

「会社ごと」買われる不動産

東京都昭島市。シンガポールの物流施設デベロッパーの日本法人「日本GLP」は2月、複合施設「GLPアルファリンク昭島」の開発を発表した。約65万平方メートルという広大な敷地に物流施設6棟、データセンター9棟などを建設する巨大プロジェクトだ。

もともとの土地所有者は昭島市内で輸送機器の製造などを手がける昭和飛行機工業の子会社だ。現在「昭和の森ゴルフコース」というゴルフ場が運営されており、今後再開発によりGLPアルファリンク昭島に変わる予定だ。

昭和の森ゴルフコースは、2021年2月に日本GLPの手に渡った際に不動産業界の耳目を集めた。隣接するホテルなども含めた簿価約88億円（2019年3月末時点）に対して、推定１３００億円もの値がついたためだ。郊外のゴルフ場が〝異次元〟価格で取引された裏には、企業不動産をめぐって暗躍するＰＥ（プライベートエクイティー）ファンドの存在があった。

事の発端は１９年６月にさかのぼる。当時、東証２部に上場していた昭和飛行機工業について、親会社である三井Ｅ＆Ｓホールディングス（ＨＤ）は持ち株の売却を模索していた。声をかけた複数社のうち１社が、米投資ファンドのベインキャピタルだった。

ベインは三井Ｅ＆ＳＨＤから株式を取得するだけでなく、ＴＯＢ（株式公開買い付け）を通じて昭和飛行機工業を完全子会社化する方針で資産査定を進めた。１２月下旬に買い付け候補者に選定されたのち、翌２０年１月にＴＯＢの実施を正式に発表。ＴＯＢは無事成立し、昭和飛行機工業はベインに買収された。

ゴルフ場が物流用地に変わった瞬間「高値」に
―昭和飛行機のゴルフ場をめぐる取引―

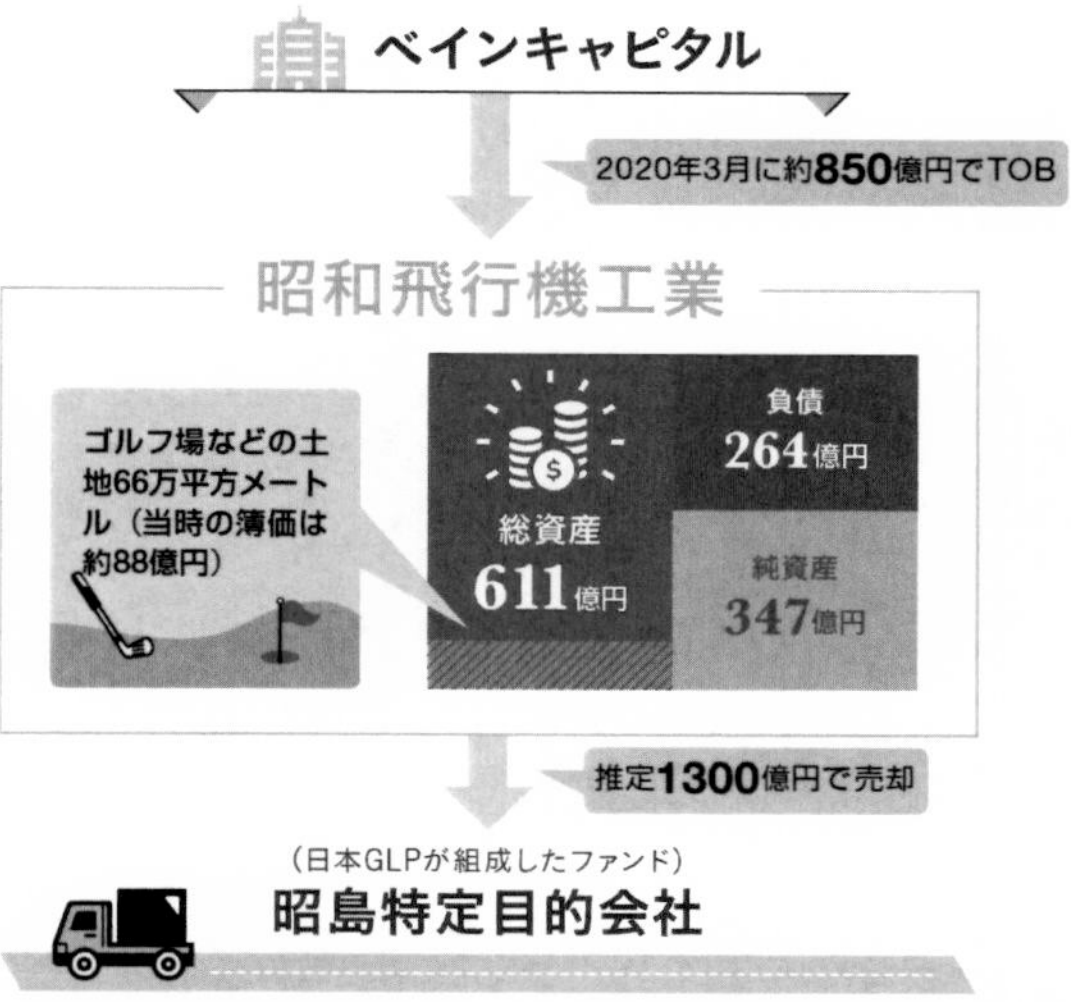

（注）2019年3月末時点。資産額は四捨五入　（出所）会社公表資料、取材を基に東洋経済作成

高値転売の裏事情

本業の輸送機器製造のほか、昭島市内に保有する広大な土地を生かした商業施設やホテル、ゴルフ場の賃貸・運営が昭和飛行機工業の屋台骨だ。ＴＯＢ時の投資家向け資料によれば、ベインはこうした多角化経営を尊重する意向を表明していたという。

ところが、輸送機器製造と不動産賃貸という両輪の経営は早くも転機を迎える。あある大手デベロッパーの幹部は、２０年３月のＴＯＢ成立前後に「昭和の森ゴルフコースを買わないか、とベインから持ちかけられた」と打ち明ける。

ベインによる昭和飛行機工業の取得価額は、特別配当も含めて約８５０億円。一方、昭和飛行機工業は冒頭で言及したゴルフ場やホテル（簿価計８８億円）のほかに、市内の輸送機器製造工場（同４１億円）、昭島駅前のショッピングモール（同１６０億円）、そして大阪市内の自動車教習所（同１００億円）など、不動産を多数抱えていた。含み益を加味すれば、買収価額を上回る価値が眠っていた。

ＴＯＢ成立から約１年が経過した２１年２月、昭和の森ゴルフコースおよび隣接するゴルフ練習場やホテルは、「昭島特定目的会社」という名のSPC（特別目的会社）に売却された。日本GLPが組成したファンドだ。

SPCが21年10月に公表した決算公告では、不動産や信託受益権（賃料などを受け取る権利）が該当する「特定資産」として1256億円が計上されており、これが実質的な取得価額とみられる。ベインはTOBに投じた850億円を大きく上回る額で日本GLPへ売却できたことになる。

昭和の森ゴルフコースの施設の付近には中央自動車道や国道16号が通り、東京都心部までは車で約1時間。JR青梅線や西武線の駅から徒歩圏内のため、施設で働く従業員の確保も容易だ。産業用地として恵まれた条件がそろい、ゴルフ場にしておくよりもはるかに高い付加価値を創出できることが、巨額の売却益へとつながった。

昭島特定目的会社は20年11月末まで「三郷ロジスティック」の社名で、日本GLPが開発した別の物流施設の受け皿となっていた。TOB成立からわずか8カ月後に、昭和の森ゴルフコースのある土地の地名「昭島」に社名が変更されている事実からは、日本GLPによる取得後の方針が早い段階で固まっていた様子がうかがえる。

ベインキャピタルの広報担当者は取材に対して、「TOBの公表時点においては、昭和の森ゴルフコースを売却する予定はなかった」と説明する。TOB価格の算定根拠に昭和飛行機工業が保有する不動産の含み益を加味していたかについてはコメントを控えた。

このゴルフ場売却劇は、事業会社が長年抱えていた一等地がTOBを契機に放出されたことで実現した。ある不動産ファンドの幹部は、「事業会社の再生が主目的のPEファンドが、不動産の収益性に気づき始めた。保有する不動産の収益化や不動産そのものへの投資をにらみ、業界経験者の採用を模索している」と打ち明ける。

22年3月には、米投資ファンドのローンスターで不動産ファンドを担当していた人材が、同じく米投資ファンドのカーライルに移籍した。カーライルはPE投資こそ日本での実績が豊富だが、不動産投資はリーマンショック以降、控えていた。「不動産投資を本格的に再開するのか」と、早くも業界の話題となっている。

企業買収を通じて不動産を取得する試みは、ほかにも例がある。21年に実施された、ゴルフ場運営で最大手のアコーディア・ゴルフをめぐるTOBだ。昭和飛行機工業同様、保有するゴルフ場を物流用地に転用しようと多くのファンドが触手を伸ばした。

ところが、入札過程で脱落するファンドが相次いだ。借地や権利関係が複雑なゴルフ場が多く、転用困難だったためだ。結果、ゴルフ場として運営し続ける意向のソフトバンクグループ系列の投資ファンド、フォートレス・インベストメント・グループの手に渡った。

現時点で入札が進行中のそごう・西武も、百貨店事業よりもむしろ店舗の土地や建物の評価がカギを握りそうだ。

ただ、売り主のセブン&アイ・ホールディングスは従業員の雇用維持や店舗の営業継続を強く求めており、早期の転売や建て替えは難しい。保有する不動産も権利関係が複雑で資産査定に手間取り、当初5月23日だった2次入札の締め切りが6月6日に延期された。

企業不動産は希少性が高く、付加価値向上の余地も大きい。遊休不動産を狙った買収劇が、今後も増えそうだ。

（一井　純）

「渋谷」と「八重洲」の大乱戦

既存ビルへの投資を進める不動産ファンドをよそに、国内デベロッパーが注力するのが「再開発」だ。複数のビルや住宅をまとめて大きな複合ビルへと開発する事業で、収益化には時間がかかる。だが、駅前などの一等地で競争力の高い高層オフィスビルなどの不動産を開発すれば、デベロッパーはそれらを賃貸・売却して収益を得ることができる。

再開発はデベロッパーの収益柱となっているが、さらなる成長のためにはつねに新たな開発案件を探さなければならない。都市機能が成熟しつつある都心部で、いまだに開発余地の大きいのが「渋谷」と「八重洲」だ。いずれも各デベロッパーが続々と再開発に参入し、混戦模様となっている。

「非東急」が侵食

東急グループが2012年に開発した、渋谷駅直結の複合ビル「渋谷ヒカリエ」。11階のオフィスロビーの片隅に、駅周辺の街並みを再現した模型がある。小さなビルや路地裏まで再現した精巧な作りだが、目を凝らすと実際の街並みとは異なる部分に気づく。

例えば、19年にヒューリックなどが建て替えたはずの「渋谷パルコ」は、建て替え前の姿のまま。20年に三井不動産が渋谷区の公園を再開発した商業施設「ミヤシタパーク」もなく、模型の中では開発前の公園が広がる。一方で、19年に東急グループが開発した超高層ビル「渋谷スクランブルスクエア」は、模型の中心で燦然（さんぜん）と輝く。「非東急」が手がけた再開発は、模型の世界ではなかったことにされているのだ。

模型と現実との乖離はますます広がりそうだ。「『丸の内』に取られた」。ある東急グループの幹部が肩を落とすのは、道玄坂沿いに立つ「新大宗（しんたいそう）ビル」

など計7棟のビルを建て替える「道玄坂二丁目南地区」だ。1月、三菱地所が再開発に参画することが決まった。26年度末をメドに、30階建てのオフィスビルなどを建設する。

「12年ごろから、渋谷の再開発に参画できないか模索していた」。三菱地所再開発事業部の森英信専任部長はこう話す。12年といえば、渋谷再開発の先陣である渋谷ヒカリエが竣工した年だ。

不動産業界にとって、渋谷ほど印象が変わった街はない。別の大手デベロッパー幹部は言う。「10年以上前の渋谷はオフィス街として一等地ではなかった」。当時は大規模オフィスを借りられるほど成長した企業が少なく、歓楽街という印象もあり、オフィスの需要に疑問符がついていた。

その常識を覆したのが、東急グループによる一連の再開発だ。渋谷ヒカリエを筆頭に、18年に渋谷駅南側で竣工した「渋谷ストリーム」にはグーグルを誘致。IT企業を中心に渋谷の引き合いが高まっていくと、大規模オフィスの需要に自信を持ったデベロッパーが次々と再開発を仕掛けていく。

三菱地所にとって渋谷駅周辺は空白地帯だった。マンションの開発実績こそあれ、オフィスビルへの投資実績は駅東側に立つ「渋谷クロスタワー」のみ。しかももともとは系列の上場ＲＥＩＴが２００１年にゴールドマン・サックスから取得した物件で、自社開発ではない。

渋谷駅周辺の地権者と接触する中で、着目したのが前述の新大宗ビルだった。このビルは道玄坂沿いという好立地や賃料の安さから、ベンチャー企業が最初にオフィスを構えるビルとして「ベンチャーの聖地」との呼び声も高い。

１〜５号館で構成され、いずれも１９６０〜７０年代の竣工だ。１１年の東日本大震災で損傷を受け、周辺のビルも含めた再開発の機運が高まった。地権者は１２年に勉強会を設立して検討を重ね、２０年4月から再開発を支援する事業協力者として三菱地所が入った。渋谷駅周辺での大型ビル開発は同社としては初めてだ。

渋谷駅を挟んで東側では、東京建物が都市再生機構と「渋谷二丁目西地区」の再開発を進める。２９年度をメドに、４１階建てのオフィスビルやタワーマンションを開発する予定だ。東京建物の野村均社長は「渋谷はオフィス立地としての存在感が高まっている」と話す。同社はかねて渋谷で土地の取得を進めており、ようやく悲願の大型再開発へとこぎ着けた。

こうした「非東急」系のデベロッパーの参入は、東急グループにとっては一長一短がある。おひざ元が活性化する一方、案件の獲得競争が激化する。

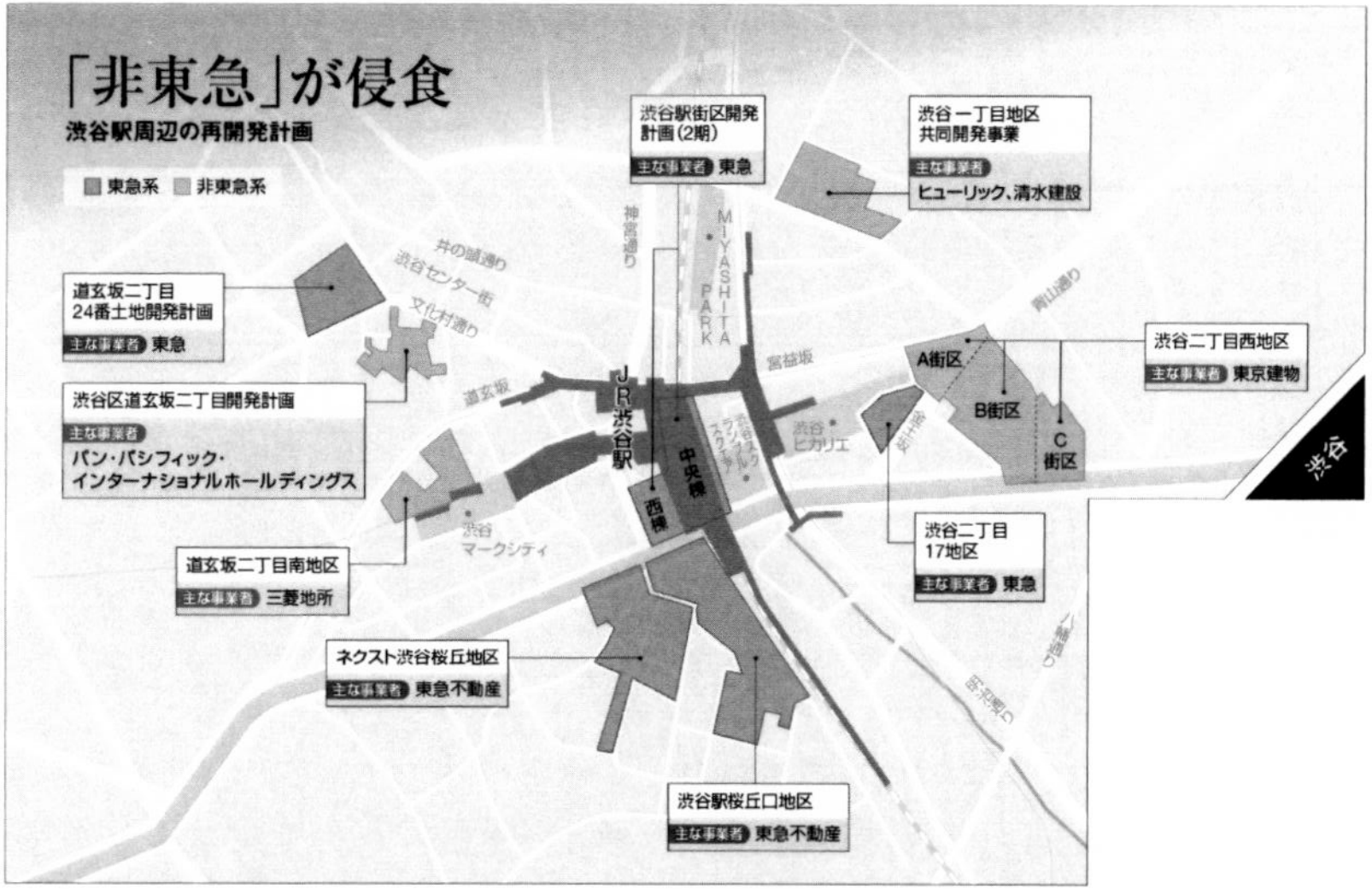

「非東急」が侵食
渋谷駅周辺の再開発計画
東急系
非東急系
渋谷駅街区開発計画(2期)
主な事業者 東急
渋谷一丁目地区共同開発事業
主な事業者 ヒューリック、清水建設
道玄坂二丁目24番土地開発計画
主な事業者 東急
渋谷区道玄坂二丁目開発計画
主な事業者 パン・パシフィック・インターナショナルホールディングス
道玄坂二丁目南地区
主な事業者 三菱地所
ネクスト渋谷桜丘地区
主な事業者 東急不動産
渋谷駅桜丘口地区
主な事業者 東急不動産
渋谷二丁目17地区
主な事業者 東急
渋谷二丁目西地区
主な事業者 東京建物
A街区
B街区
C街区
JR渋谷駅
中央棟
西棟
MIYASHITA PARK
渋谷ヒカリエ
渋谷マークシティ
渋谷スクランブルスクエア
神宮通り
井の頭通り
渋谷センター街
文化村通り
道玄坂
宮益坂
青山通り
金王坂
明治通り
八幡通り
渋谷

渋谷駅北東部に立つ渋谷区役所の分庁舎および区立公園。21年8月、東京都が事業者を募集したところ、東急グループ連合とヒューリック・清水建設連合が手を挙げた。

東急グループとしては、今回の開発予定地に隣接する17年竣工の複合ビル「渋谷キャスト」に続く、公有地を活用した再開発案件とするはずだった。渋谷キャストは都営住宅「宮下町アパート」の建て替え案件で、同じく手を挙げた住友不動産・竹中工務店連合などを抑えて勝ち取った経緯がある。

今回は東急（旧東急電鉄）を代表に、東急不動産や東急建設のほか、住友商事や日鉄興和不動産、竹中工務店、日建設計とそうそうたる布陣で挑んだ。だが、7社が参画することで責任の所在が不明確になる点や、地盤を切り下げる大胆な開発計画などを審査委員会が懸念。結局、都はヒューリックらを事業予定者に選定した。軍配が上がったヒューリックは、渋谷を銀座などと並ぶ重点エリアと位置づけ開発を進めている。

23年3月には、東急百貨店本店の目と鼻の先で、「ドン・キホーテ」を運営するパン・パシフィック・インターナショナルホールディングスが28階建ての複合ビルを完成させる。成長が見込める渋谷での再開発をめぐり、東急と非東急は今も火花を散らしている。

幻のツインタワー計画

東京23区の西側のフロンティアが渋谷なら、東側のフロンティアは「八重洲」だ。東京駅前という一等地にもかかわらず、駅を挟んで反対側の大手町や丸の内と比べて、八重洲は開発が進んでいなかった。大手町や丸の内は三菱地所など特定の企業が土地を所有し、再開発を計画的に推進できた。一方、八重洲は町人街として発展してきた歴史から、地権者の数が膨大で、再開発の合意形成が難しかった。

それを象徴するエピソードが、幻の「ツインタワー」開発計画だ。98年、東京都中央区は八重洲などの再開発を議論する委員会を設置。そこで出てきたのが、2棟の超高層ビル開発案だ。当時の資料によれば、北棟と南棟の延べ床面積は計90万平方メートル。21年6月に東京駅北側で竣工した、三菱地所の38階建てビル「常盤橋タワー」（高さ212メートル）6棟分に当たる広さだ。

野心的な計画だったが、開発を担うデベロッパーさえ決まらぬまま立ち消えとなった。性急な開発を懸念した地権者の反発を受け、白紙撤回を余儀なくされたためだ。

あれから約20年。デベロッパーの働きかけもあって再開発に対する地権者の機運が高まり、中央区の悲願だった八重洲の超高層ビル開発は、今や3件も計画されている。初弾の「東京ミッドタウン八重洲」は22年8月に竣工予定だ。

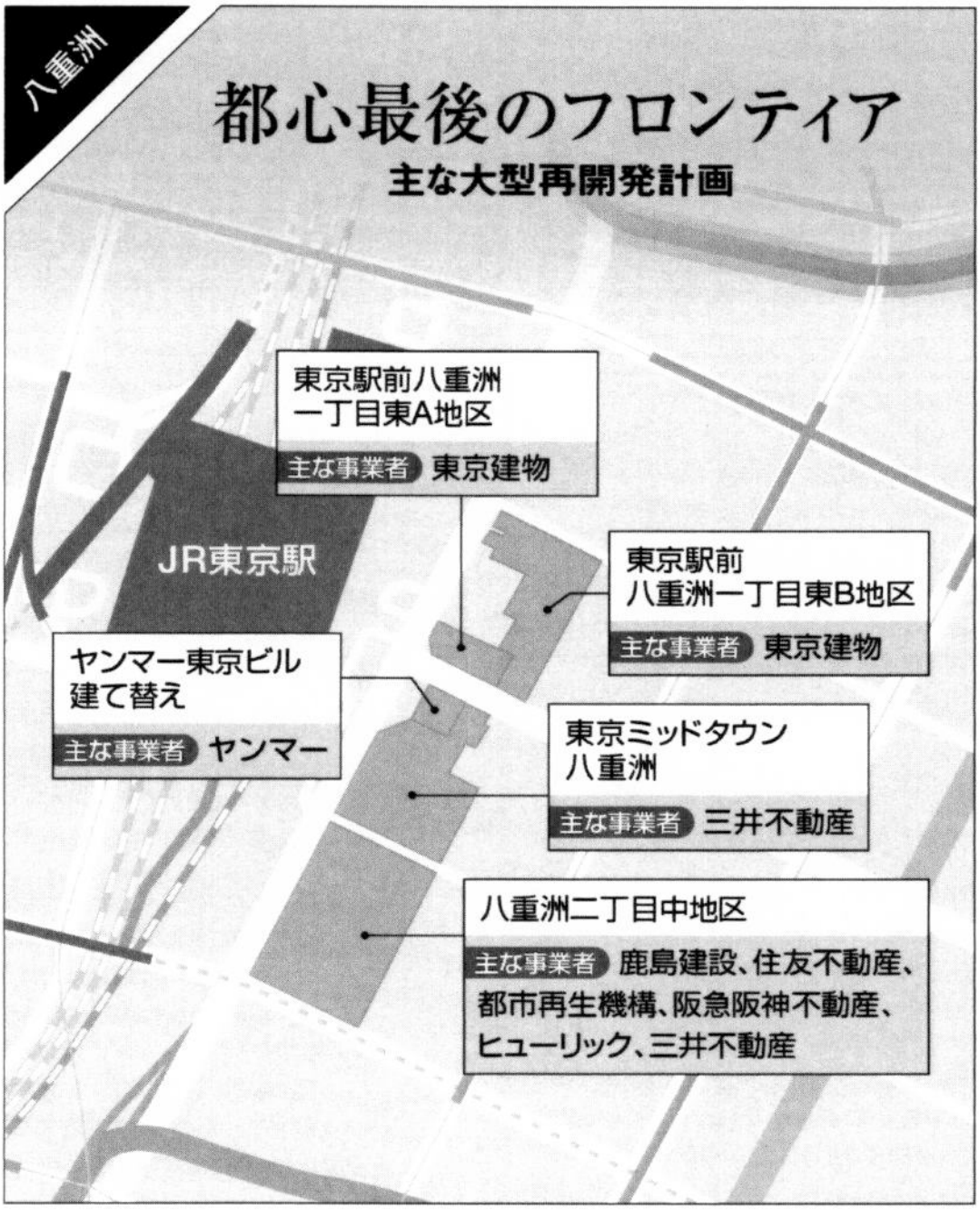
八重洲
都心最後のフロンティア
主な大型再開発計画
東京駅前八重洲
一丁目東A地区
主な事業者 東京建物
JR東京駅
東京駅前
八重洲一丁目東B地区
主な事業者 東京建物
ヤンマー東京ビル
建て替え
主な事業者 ヤンマー
東京ミッドタウン
八重洲
主な事業者 三井不動産
八重洲二丁目中地区
主な事業者 鹿島建設、住友不動産、
都市再生機構、阪急阪神不動産、
ヒューリック、三井不動産

八重洲の再開発をめぐっては、水面下で活発な動きがあった。三井不動産が手がける東京ミッドタウン八重洲の隣では、ヤンマーが自社ビルを建て替えている。関係者によれば、当初三井不はヤンマーのビルを含めて一体開発をしようと考えていたようだ。だが、ヤンマーとの協議が不調に終わり、別個のビルを開発することになった。

東京ミッドタウン八重洲の南側で進む「八重洲二丁目中地区」では、28年度をメドに43階建ての複合ビル開発が計画されている。21年10月に公表された計画の詳細には、鹿島建設と住友不動産、都市再生機構、阪急阪神不動産、ヒューリック、三井不動産の6社が参加組合員として名を連ねている。実は、このうち当初から再開発を推進してきたのは、三井不と鹿島、ヒューリックの3社のみだ。

八重洲二丁目中地区の計画が始動したのは2005年。中央区主催の勉強会から始まり、協議会、準備組合へと徐々に組織化を図り、17年9月に都市計画決定を受けた。三井不と鹿島、ヒューリックの3社は、それぞれ開発区域内にビルを保有していたことから、再開発の音頭を取る役割を果たした。

こうした動きをよそに、ひそかに域内で土地を取得していたのが阪急阪神ホールディングス（HD）だ。15年にレオパレス21の賃貸マンションを、翌年には隣接する駐車場を、18年には路地を挟んで対面するビルを取得した。

同じく初期メンバーでなかった住友不はより大胆だ。20年6月、ユニゾ不動産から開発区域内に立つ「ユニゾ八重洲ビル」を取得した。入札には三井不も参加していたようだが、より強い価格を提示した住友不が勝ち取った。住友不は裏手の「ユニゾ八重洲二丁目ビル」も同時に取得している。

再開発ではもともと持っている土地や建物の価値に応じて、竣工後のビルの権利が与えられる。建前上は等価交換だが、先行する東京ミッドタウン八重洲や、東京建物が進める「東京駅前八重洲一丁目東A・B地区」の存在を考えれば、八重洲がオフィス街としての顔を備えた後に竣工する新築ビルは、取得した不動産以上の価値を生む可能性が高い。

阪急阪神HDと住友不は域内の不動産を買い進めたことで、結果的に組合員として再開発に加わり、フロンティアの果実を享受できる立場になったのだ。

成長を渇望するデベロッパーの草刈り場となる渋谷と八重洲。両エリアの開発が一巡する30年ごろには、次なるフロンティアでの争奪戦が勃発しそうだ。


（一井　純）

2023年の新築ビル供給は22年の「3倍」

都心オフィス、減らぬ空室

再開発が勃興するのとは裏腹に、オフィス需要の先行きは決して明るくない。オフィス仲介会社の三鬼商事によれば、都心オフィスの空室は2020年夏ごろから増加し始め、足元では50万坪に達している。23年には都心部での新築オフィスビル供給が22年の3倍近い23万坪超予定されており、空室は一段と増える見通しだ。

ビルオーナーの間では空室を埋めようと、テナントの奪い合いが繰り広げられている。オフィス仲介会社のコリアーズ・インターナショナル・ジャパンの時田勝司マネージング・ディレクターは「一定期間家賃を無料にするフリーレントが当たり前になっている。無料期間も延びており、半年や1年間が珍しくなくなった」と指摘する。

■ **50万坪が空いている** ―都心オフィスの空室面積推移―

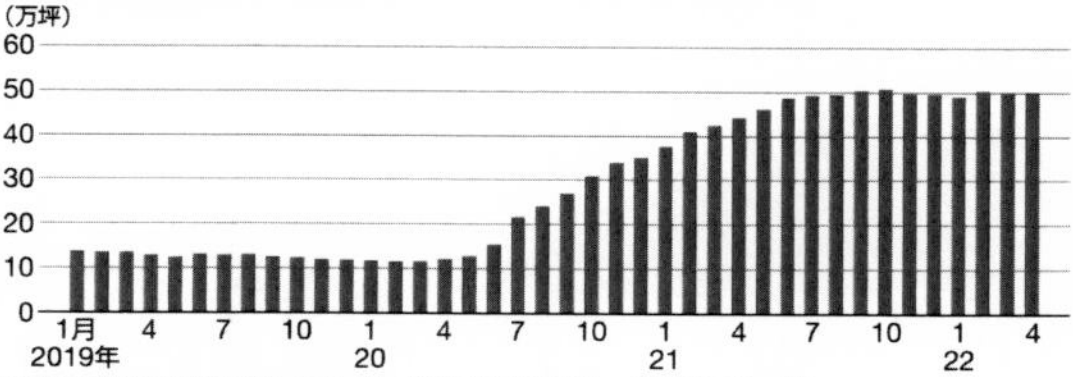

(注)東京都心5区(千代田、中央、港、新宿、渋谷)が対象　(出所)三鬼商事

新築の内定率には濃淡

新築ビルの募集状況にも苦戦がにじむ。筆頭は東京ミッドタウン八重洲。推定3・7万坪（12・2万平方メートル）のオフィス賃貸面積のうち、本誌の取材では5月下旬時点でテナントが内定しているのは4〜5割。複数のオフィス仲介会社によれば、三井不動産は大手町や丸の内と同水準の坪5万円台で募集しているとみられる。下手に譲歩すれば後続の再開発ビルが引きずられてしまうことも悩みだ。

対照的に好調なのが渋谷だ。東急不動産が進める23年竣工予定の「渋谷駅桜丘口地区（A1街区）」では、スクウェア・エニックス・ホールディングスが東新宿から本社を移転するようだ。上層フロアでは、近隣のビルに日本法人を構えるグーグルが増床を検討しているもよう。IT企業を中心に、渋谷の〝神通力〟は健在だ。

八重洲・渋谷以外に視点を移すと、港区で競争が激化している。森ビルの「虎ノ門・麻布台プロジェクト」では、外資系企業の契約が進む。駅からの遠さが弱点とみられていたが、坪3万円台前半から中盤という虎ノ門の新築ビルにしては破格の条件が刺さっているようだ。一方、同じく坪3万円台で募集している三菱重工業らの「田町タワー」は苦戦を強いられている。

住友不動産が進める「東京三田再開発プロジェクト」には、隣接する「住友不動産三田ツインビル西館」からユニ・チャームが本社を移転するもようだ。他社のビルからテナントを引き抜かない限り、テナントが元いた区画の埋め戻しはできない。今後の課題としてのしかかりそうだ。

「財閥超え」狙う新興勢力

三井不動産、三菱地所、住友不動産の財閥系3社以外に、のし上がっている勢力がある。際立つ2社の戦略を解剖した。

【ヒューリック】

「リクルート銀座8丁目ビル」や「電通本社ビル（汐留A街区不動産）」など、大型物件を次々取得しその名をとどろかせているのが、ヒューリックだ。

目下の関心事は「開発や建て替え（による賃貸収入）をメインに成長していく」（前田隆也社長）ことだ。2020年には、29年までの約10年でオフィスビルなど

100物件超を開発する、あるいは建て替える計画を掲げた。「水物」である不動産売却益への依存度を下げつつ、市況変動に強い賃貸収入を拡大。21年12月期に1095億円だった経常利益を29年に1800億円まで伸ばす。

旧富士銀行系で、容積率を余らせた銀行店舗ビルを建て替え、その賃貸・管理収入で成長したヒューリック。不動産開発はいわばお家芸だ。地ならし期間と位置づけた22年までの3年間では、老舗百貨店の松屋などと「銀座コアビル」の再開発で基本協定を締結。銀座1丁目のビルでは高級旅館への建て替えプロジェクトも始動した。従来のオフィスビルに加え、今後は商業・物流施設、データセンターなど開発用途も多様化させる。

建て替え期間中の賃貸収入の喪失には、企業の本社ビルなど安定稼働が見込めるビルへの投資で対策を立てている。21年9月に出資した電通本社ビルはその好例で、電通グループと結んだ11年間のリースバック契約を通じ賃貸収入を確保した。

毎年100億円水準の増益を続け、直近決算まで10期連続で最高益を更新してきたヒューリック。連結従業員数は約1500人と、財閥系の1割程度にすぎない。

実績の背景には、機動的な増資で経営を支えてきた歴史がある。利益水準では財閥系を猛追するが、自己資本の厚みには歴然とした差がある。そこで上場以来おおむね3年ごとに公募増資を実施、21年にも約980億円を調達した。

ただ、懸念もある。SMBC日興証券の田澤淳一シニアアナリストは、「同社の開発物件は中小規模が多い。開発・建て替えが計画どおり進んでも、どこまで賃貸収入が増えるかは疑問」と指摘する。

20年の長期経営計画策定当時、22年12月期の目標営業利益の内訳は賃貸益56%、売却益44%としていたが、実際の着地では売却益の割合が膨らむ見通しだ。23年以降も計画に反して売却益への依存が続けば、「売る予定のなかった物件を放出しているのでは」という疑念が頭をもたげる。

これに対し会社側は、「想定を上回る不動産市況の好調と、今後の竣工ラッシュを見据えた資産の入れ替えに伴い売却益が膨らんだが、今後徐々に賃貸益が売却益を超過する」と説明している。

では賃貸収入の割合が高まったほうがいいのかというと、そう単純でもない。賃貸収入は安定収入である一方、売却収入に比べて資産効率に劣る。「ヒューリックが支持される理由はＲＯＥ（自己資本利益率）の高さ。不動産賃貸事業の比率が高まればこれが低下しかねない」（田澤氏）。

利益成長だけでなく、市況に左右されない安定した不動産賃貸会社へと脱皮できるかも焦点だ。

増益守り大手を猛追—各社の営業利益推移—

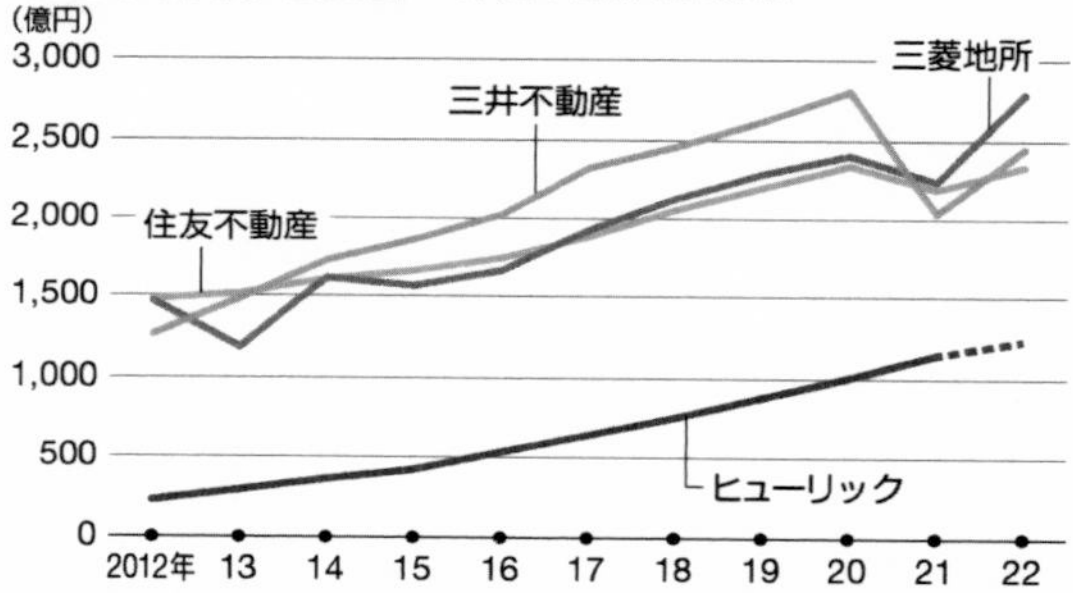

(注)三井、三菱、住友は各3月期、ヒューリックは各12月期。ヒューリックの2022年12月期は予想値　(出所)各社決算資料

稼ぐ力は断トツ—ROEと従業員1人当たり営業利益—

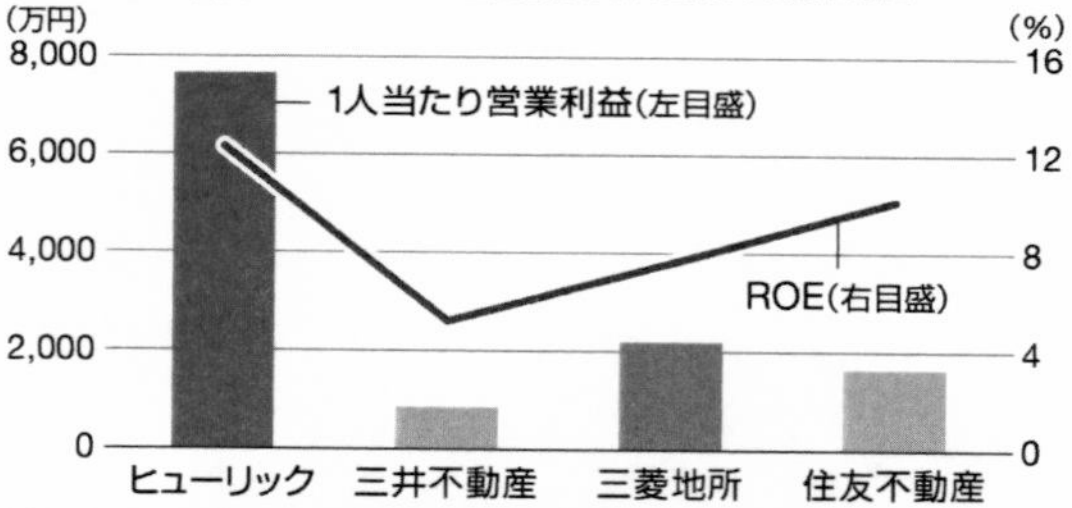

(注)1人当たり営業利益は連結営業利益を連結従業員数で除した数値。三井、三菱、住友は2021年3月末、ヒューリックは21年12月末時点　(出所)各社決算資料

【大和ハウス工業】

ハウスメーカーとして国内外で成長してきた大和ハウス工業は、直近決算の売上高が約4・4兆円。商業施設や事業施設の部門だけで2・1兆円に上り、不動産首位の三井不動産をも上回る。一方、社名から真っ先にイメージされる戸建て事業は、今や海外を含めて全体の18%弱にすぎない。不動産事業への積極投資で財閥系不動産会社を猛追しているのが今の姿だ。

5月に発表した第7次中期経営計画（22～26年度の5カ年）では、不動産事業を強化する方針をいっそう明確にした。目指すのは売上高5・5兆円、営業利益5000億円。物流施設や商業施設などへの投資額は2・2兆円と、前中計（3カ年で約1兆円）より規模を拡大する。

物流施設などへの投資を加速
—大和ハウス工業の投資計画—

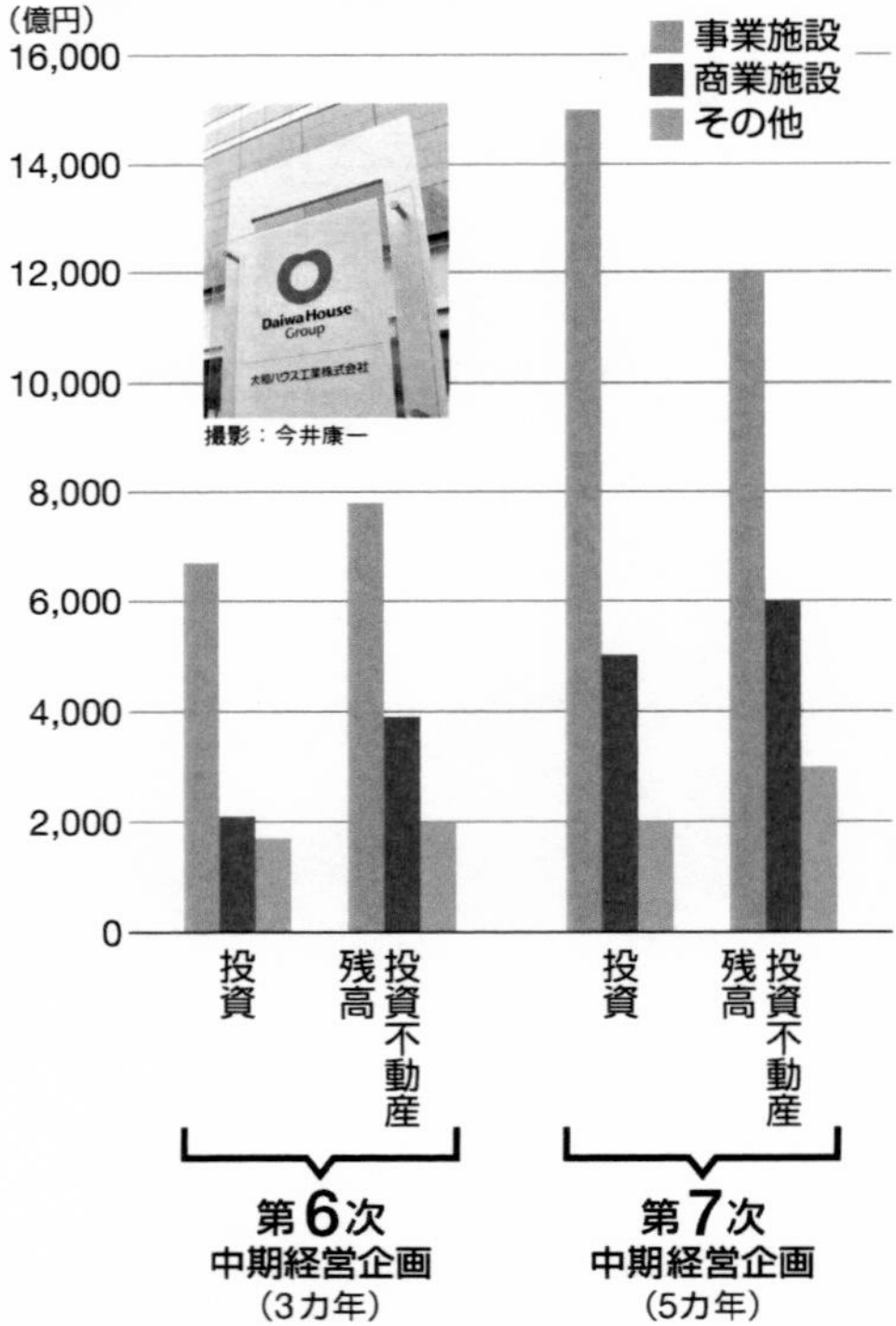

(出所)会社資料を基に東洋経済作成

国内の不動産事業に加えてカギとなるのは海外事業だ。こちらは戸建て住宅やマンションが軸となるが、米国や中国で伸ばす。とくに牽引役の米国では、創業以来培ってきた住宅建築の工業化（現場作業を極力減らす手法）を駆使し、低コスト、高品質化を追求する。

もう1つ、中計について市場関係者から注目されたのが「D/Eレシオ」（負債資本倍率）だ。数字が低いほど財務が健全であることを示すが、この値が従来の0・5倍から、中計を経た5年後に0・6倍へ後退する想定なのだ。

香曽我部武（こうそかべたけし）・副社長CFO（最高財務責任者）はその理由を、「請負（建設業）からのシフト」と説明する。建設業の場合、D/Eレシオは0・5倍前後となるのが一般的。一方、積極的な借り入れで資産を増やし長期運用する不動産業では1・3倍から1・4倍程度になる。大和ハウスの事業実態に鑑みれば0・6倍という数字も悪い水準ではない。株式市場にはむしろ、「もっと借り入れを増やして投資するべきだ」との声もある。

前出のSMBC日興証券・田澤氏は、「銀行などに対して財務健全性で安心感を与えることを考えると、D／Eレシオは当然低いほどいい。今回は（利益を求める株主との間で）ぎりぎりのバランスを取った格好では」とみる。

ただ、今回の中計が盤石かといえばそうではない。国内で焦点となる不動産開発・運用では、物流施設などで都市圏における外資系デベロッパーとの競争が激化の一途をたどる。得意とする地方都市でどこまで伸ばせるかがカギとなるが、資材価格の高止まりなど、不安要素もくすぶる。

創業100周年の55年までに売上高10兆円の達成を掲げる大和ハウス。足場固めとして重要な5年間になる。

（一井　純、森　創一郎）

INTERVIEW

「オフィス空室率に一喜一憂はしない」

住友不動産　副社長・尾台賀幸

当社が賃貸しているビルは延べ床面積で170万坪。今後3年間で19万坪が完成し、さらに50万坪以上を開発する。オフィスビル賃貸は、引き続き当社の成長を牽引していく。企業もテレワーク一辺倒ではなく、オフィスへの攻めの投資を検討する向きが増えている。フロア面積やレイアウトなど、新しいオフィスのつくり方に最も対応できるのは新築ビルだ。これが既存ビルだと、空いた区画でしか考えられない。

足元の空室率が5%を超えたといわれるが、過去30年間のオフィス市況で見れば平均値だ。ビルは何十年もかけて資金を回収する資産。一喜一憂する必要はない。

空室は一定程度存在するのが正しいあり方だ。かつてはビルに入居しているテナントがビル内で増床したいときのために、あえて空室を用意していた。近年は空室が逼迫したため、今後竣工する新築ビルを増床の受け皿として空室を埋めていった結果、空室率が1％台まで下がった。そこへコロナ禍が発生して、空室率が元の5％台まで戻ったというだけだ。

今後も不透明感はあるが、リーマンショックのように需要が一斉に減退することはないだろう。

ビルの環境性能を向上

当社は開発したオフィスビルをほとんど外部に売却していない。今では新築ビルの開発資金を、賃貸キャッシュフローで賄えるほどになった。（自社保有に徹することは）正しい選択だ。

既存ビルを対象とする資金はグリーンファイナンスでも調達していく。すでに一部の外資系企業などはグリーン由来の電力の導入やエネルギー効率の高いビルへの入居をオフィス選定規準の1つに据えている。当社としても保有ビルの環境対応を進め競争力を磨く。

日本政策投資銀行が主宰するESG認証を取得したビル27棟のうち12棟を対象に、借り換えにかかる資金1兆円を調達する。金利を引き下げることが目的ではなく、あくまで環境配慮の一環だ。今後は新築ビルの開発資金もグリーンファイナンスで調達できる仕組みづくりを議論したい。

（構成・一井　純、森　創一郎）

尾台賀幸（おだい・よしゆき）

1961年生まれ。85年住友不動産入社。マンション事業本部長、経営企画本部長、財務本部長、海外事業本部長などを経て、2022年4月から現職。

「財務指標と投資計画のバランスを取る」

大和ハウス工業　社長・芳井敬一

僕たちには住宅建設のほか、商業施設や事業施設などのゼネコン事業もある。直近の中期経営計画は「請負からのシフト」を進めるというより、時代に合わせて強みのあるところにお金を動かしていくというものだ。

他社のように（東京の）日本橋や大手町にビルを持ってはいないが、商業施設は地方都市でしっかり持っている。物流施設としては、日本橋のビルのような（価値の高い）施設をすでに持てている可能性だってある。施工のコストが上がっている今は、自分たちで建設できるという当社ならではの強みも生きる。

昨今はデータセンターの需要も高いが、安易に踏み込んではいない。坪当たりのコストが物流施設の5～10倍かかるし、（安定稼働には）電気が命になる。政府は再生可能エネルギーを推しているが、では再エネが本当に安定的に供給されるのか……など懸念も多い。

ひとまず当社では（千葉県印西市で）条件がそろった土地が手に入り、工夫をしながら恐る恐る出ている状態だ。じっくり考えながら取り組んでいく。

ストックを積んで我慢

中計では負債資本倍率の目標を少し後退させた。攻守のバランスをしっかり見つめ直す中で、もっとストックを積んだほうがいいと考えたからだ。（近年は）建設した建物がよく働いてくれる。このテナントに使ってもらったらもっとよかったな、といった学習をする前にイグジット（売却）してしまうのはどうなのかと。

これまで開発した物件はうまく売却・投資回収ができているけれど、利益も含め、もっと美しい状態で売却できるところまでぐっと我慢しよう、と考えている。

ただ、財務指標を重視する一方で投資機会を失ってしまっては元も子もない。（5年間で2・2兆円の）投資の実行は重視する。負債資本倍率に関しては中計期間の最終のところで目標値に持っていくので、それまでいろいろ言わないでね、という気持ちでいる。

（構成・一井　純、森　創一郎）

芳井敬一（よしい・けいいち）
1958年生まれ。大阪府出身。中央大学文学部哲学科卒業。神戸製鋼所グループを経て、90年に大和ハウス工業入社。取締役専務執行役員などを経て2017年から現職。

INTERVIEW

「東京の物件ならほぼ持ち込まれる」

ヒューリック　社長・前田隆也

ヒューリックは西浦三郎会長、吉留学前社長と、みずほ銀行出身の社長が続いた。私はゼネコン出身で、不動産開発畑を歩んできた。今走っている（2020〜29年の）長期経営計画は、ビルの建て替えなど開発によって成長する道筋を描いている。その計画への思いが（自分の就任に）込められていると考えてほしい。

29年までに100物件超の開発・建て替えという目標に対しては、現状では70物件超が見えている。残り30物件は年間7〜8物件を新たに仕込んでいくイメージだ。物流施設は年2件、データセンターも年1件程度は手がけたい。

当社はこの十数年、物件を買い続けているので、売り手からすると声をかけやすいのだろう。東京の物件なら、ほとんど当社に持ち込まれているのではないか。

１００億円以上の物件なら取締役会の決議にかけるが、それ以下なら金額によって社長決裁、専務決裁などになる。決裁権者であるからには、私も現地まで物件を見に行く。築年数の経った物件なら、ビルの印象や管理状態はしっかり確認しないといけない。現況を見るだけでなく、建て替わった姿を想像することも非常に大事だ。

物件の調理法は複数

ヒューリックはもともと、容積率を余らせた銀行店舗ビルなどを建て替えて、収益力を上げてきた。その延長線上に中規模ビル開発があり、開発物件の出口として公募や私募ＲＥＩＴ（不動産投資信託）を立ち上げた。同業の昭栄との合併や、不動産投資会社のシンプレクスの買収も実施した。デベロッパーだからこれをやる、ファンドだからやらない、という姿勢ではなく、いろいろな側面があることが当社の強みだと思っている。

同じ物件でも、調理法は複数ある。例えば三井不動産ならエリア開発の中で物件のあり方を考えるかもしれないが、当社は（建て替えや売却など）いくつかを念頭に置く。以前、あるコンサル会社が当社のビジネスのベンチマークとなる会社を探していたが、結局見当たらなかった。不動産業界でも珍しい会社といえるのではないか。

（構成・一井　純、森　創一郎）

前田隆也（まえだ・たかや）

1962年生まれ。84年大成建設入社。不動産開発に従事し、2007年ヒューリック入社。取締役執行役員不動産統括部長などを経て、22年3月から現職。

マンション〝売り渋り〟の実情

コロナ禍を受けてもなお、活況が続くマンション市場。不動産経済研究所によれば、マンション販売の好不調を示す初月契約率（新規に発売されたマンションのうち当月内に成約した物件の割合）は、2022年4月の首都圏で79・6％（前年同月は73・6％）と、高水準を維持している。

だが、市況とは裏腹にデベロッパー関係者は先行きに懸念を抱く。将来的に販売していくマンションが減少しそうなためだ。

とくに深刻なのが首都圏でのマンション用地の不足だ。デベロッパー関係者は「首都圏は土地の価格が高騰しており手が出しにくい。2〜3年後に販売するマンションをなかなか開発できずにいる」と口をそろえる。

2016年以降、首都圏での新築マンションの供給は、年間3万戸台で推移（不動産経済研究所)。21年の供給戸数は3万3636戸と、10年前と比べて2割強減っている。

実際、大手デベロッパー6社のうち4社は、22年度の引き渡し戸数が、コロナ前である19年度と比べて減る見通しだ。

とりわけ、大規模マンションの販売がコロナ前よりも少なくなる三菱地所や住友不動産は、22年度の新築マンションの引き渡し戸数が19年度比でおよそ半減する想定となっている。

新築マンションの供給が限られる中、起きているのが販売価格の上昇だ。

21年の首都圏の新築マンションは、平均価格が6260万円(前年比2・9%増)と過去最高を更新(不動産経済研究所)。また平均単価(1平方メートル当たり)も93・6万円と、10年前と比べて約1・4倍に上昇した。

住友不動産の尾台賀幸副社長は「デベロッパーが用地仕入れに苦戦する中、首都圏で新築マンションが供給過多になるとは考えにくい。当面は販売価格も足元の高水準が続くだろう」とみる。

コロナ前と比べて三菱と住友の引き渡し戸数が半減
―大手6社の2019年度と22年度のマンション引き渡し戸数―

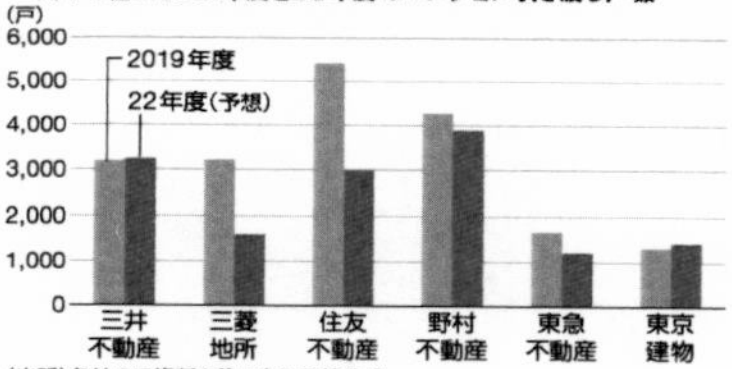

(出所)各社のIR資料を基に東洋経済作成

新規供給が限られる中、単価は右肩上がり
―首都圏の新築マンションの供給戸数と平均単価(㎡当たり)の推移―

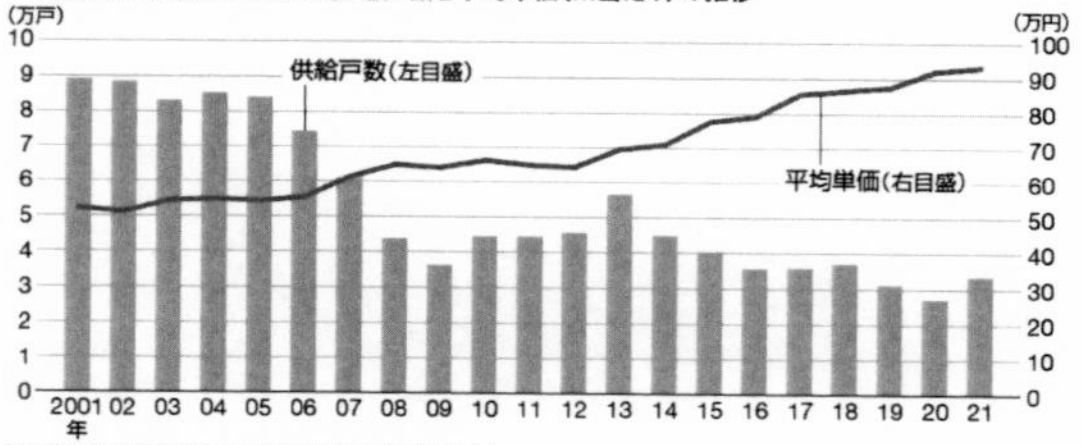

(出所)不動産経済研究所の統計を基に東洋経済作成

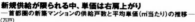

巣ごもりで購買意欲拡大

「新築マンションの販売価格にはまだ上昇余地がある」と、大手デベロッパー関係者は明かす。

歴史的な低金利を追い風に、首都圏の新築マンションを買い求めているのが、富裕層やパワーカップル（世帯年収1000万円以上の夫婦）だ。「共働き世帯がマンション販売価格を下支えしている。われわれの新築マンションの購買者も6～7割程度は共働き世帯だ」と、野村不動産の住宅事業本部・企画室の安田哲課長は語る。

そうした消費者の新築マンション購買意欲をコロナ禍での巣ごもりが後押しした。リモートワークなどで在宅時間が増えたことで、間取りや部屋の狭さが気になり、新しい住まいを求めるニーズが顕在化したというわけだ。

マンション調査会社トータルブレインの杉原禎之副社長は「賃貸マンションから新築マンションに住み替える消費者が増えている」と説明する。

当初の想定を大きく上回る購入申し込みを受けて、販売計画を前倒しする新築マンションもある。例えば、野村不動産などが開発した神奈川県横浜市の大規模マンション「プラウドシティ日吉レジデンスⅢ」は、22年9月末に販売を完了する計画を半年ほど前倒しして全住戸を完売した。「従来であれば、新築マンションの販売計画の前倒しは珍しかった。ところが、コロナ以降は消費者からの引き合いが強く、販売ペースも加速している。結果として、販売計画を前倒しすることが増えた」（野村不動産の住宅事業本部・企画室の芦田和輝主任）。

用地仕入れが進まず、販売できる新築マンションが限られる状況下、大手デベロッパーの間ではこの環境を逆手に取ったような手法が広まっている。マンションの〝売り渋り〟である。

新築マンションは通常、需要動向を探るため、1棟のマンションの全戸を同時に販売するのではなく、時期を分けて複数回にわたり販売（期分け販売）する。そうした中、資金に余裕がある大手デベロッパーは「一度に販売する住戸の数を従前よりも絞り、販売期間を長期化している」（複数のデベロッパー関係者）という。

東京カンテイ市場調査部の井出武上席主任研究員は「新築マンションの販売期間は長期化しており、5期を超えるものや40次を超えて販売するケースもある」と指摘する。当面は旺盛な需要が続くとみられる状況下、人気エリアの物件は慌てて販売するのではなく、値上げのタイミングを見極めながら売っているわけだ。

顧客軽視の販売理論

さらに露骨な、いわば消費者の意向を軽視するような「デベロッパー側の論理」が、竣工したマンションの引き渡し時期をめぐって顕在化している。

建物が完成しているマンションは、購入に関わる手続きを終えていれば、購入者は即座に入居可能なはずだ。ところが、物件によっては購入者がすぐに入居できず、引き渡しまで期間が空いてしまうケースが出始めている。

野村不動産などが開発した東京都江東区の「プラウドタワー亀戸クロス」（22年1月竣工）は2棟のタワーマンションで構成された総戸数934戸の大規模物件だ。22年8月上旬に第7期の販売を開始する予定だが、住戸の引き渡しは23年1月下旬に計画している。同社の芦田主任は「大規模マンションは入居者が多い。引き渡しを担当する人員が足りず、時間がかかってしまう場合も多い」と説明する。

三井不動産レジデンシャルなどが開発した東京都昭島市の「パークホームズ昭島中

神」（21年10月竣工）も、竣工してからおよそ1年経過した22年10月下旬に引き渡しを開始する予定だ。

住友不動産が手がける東京都台東区の「シティハウス浅草橋」（21年8月竣工）に至っては、引き渡し予定時期は23年4月下旬と、竣工してから1年半以上のタイムラグがある。

マンションなど不動産の販売は、購入者に物件を引き渡した段階で初めて売り上げや利益が業績に計上される。「マンション販売は会社業績にとって調整弁の側面もある。年間の会社利益が計画を上回りそうだと判断すれば、マンションの引き渡しスケジュールを後ろ倒しにして、収益の計上を翌期に先送りしている」と、ある中堅デベロッパーの幹部は明かす。

販売員などの人手不足というよりも、あくまで会社業績を優先する内向きの意識が一部のデベロッパーにはあるという。引き渡しが先送りされれば、不利益を被るのはマンションの購入者だ。購入者軽視のような姿勢を続けていると、やがてはそっぽを向かれかねない。

（佃　陸生）

再エネ活用　押し寄せるSDGsの波

　オフィスビルの屋上や壁面の緑化、屋内照明のＬＥＤ化、そして空調設備などの省エネルギー化。政府が掲げる２０５０年までのカーボンニュートラル実現の方針を受けて、デベロッパー各社があの手この手で進めているのが、保有施設のＥＳＧ（環境・社会・企業統治）対応だ。

　大手デベロッパーの住友不動産は今後3年間で、再生可能エネルギー活用などの環境対応に特化したグリーンファイナンス（借入金や社債など）で総額１兆円を調達する。既存オフィスビル１２棟（総延べ床面積約４６万坪）の設備などについて、高性能なものへの改修を進める計画だ。同社の尾台賀幸副社長は「不動産や地域の再開発を通じて防災力と環境性能を高める取り組みを、われわれはずっと手がけてきた」と話す。

住友不動産は21年11月から、保有するオフィスビルの入居企業向けに「グリーン電力プラン」の提供も開始した。再エネ由来の電力を入居企業が活用できるよう支援する。

こうしたオフィスビルをはじめとする保有施設での再エネ導入は、大手デベロッパー各社が目下、進めている重点施策の1つだ。

三井不動産は関西電力やJ-POWERグループなどと連携し、東名阪エリアに位置するオフィスビルや商業施設での再エネ導入を進めている。三菱地所も、電力会社などと連携することで、22年度中をメドに東京都内と神奈川県横浜市の保有施設で使用する電力を再エネ由来のものに切り替える。

再エネ活用が投資の条件

再エネによって自家発電するデベロッパーも出始めている。東急不動産は、自社で保有・管理する太陽光発電所や風力発電所から、オフィスビルなどの保有施設に電力を供給している。同社は22年中に、すべての保有施設で使用する電力を再エネ由来のものへと切り替える方針だ。

デベロッパー各社がESG対応を加速する背景にあるのが、不動産に投融資する機関投資家やオフィスビルなどの施設に入居する企業の環境意識の高まりだ。

中でも欧米系企業はオフィスビルなどでの再エネ導入にひときわ熱心だ。ある不動産ファンドのトップは「直近1～2年で、資産運用を受託している欧米系の生命保険企業から『運用する不動産はすべて再エネを導入していなければならない』と通達があった」と明かす。

オフィスビルでの再エネ導入が決め手となり、欧米の外資系企業の入居が決まるケースも徐々に増えている。東急不動産でオフィスビル運営を担当する鈴木盛生統括部長は「再エネを導入していないオフィスビルにはそもそも入居しない欧米系企業も多い。再エネ導入済みのオフィスビルは現時点で限られているので、結果的に賃料の値下げ合戦に巻き込まれずに済んでいる」と話す。

環境性能の高いオフィスビルを開発できなければ、投資家から資金を調達できないだけでなく、顧客まで逃しかねない。そんな危機感からデベロッパーは再エネ導入などを急いでいるようだ。

「かつては珍しかったオフィスビルのBCP（事業継続計画）対応も今や標準装備だ。再エネ導入もやがて当たり前になるだろう」と東急不動産の鈴木統括部長。SDGsの波に乗り遅れまいとする、デベロッパー各社の焦燥感は強い。

（佃　陸生）

神宮外苑再開発　樹木伐採の是非

明治神宮外苑の大規模再開発をめぐって、見直しを求める大合唱が収まらない。「計画は一から見直すべきだ」。2022年3月にオンライン署名サイトで5万人余りの反対署名を集めた日本在住の米国人経営コンサルタント、ロッシェル・カップ氏は6月2日、8万1000人超もの署名を改めて東京都に提出した。

再開発計画では、現在の明治神宮第2球場の跡地などに高さ55メートルの屋根付き新ラグビー場を建設。秩父宮ラグビー場の跡地にホテルと一体となった新野球場を建てる。青山通り沿いの伊藤忠商事本社ビルは高さ190メートルの超高層ビルに建て替えられ、新球場脇にも185メートルのオフィスビルが新たに建設される。2022年度中に解体工事が始まり、36年にかけて球場やビルが順次竣工する。

計画は10年前に表面化して以来、着々と手続きが進んできたが、22年2月に入って状況は一変した。

ユネスコの諮問機関であるイコモスの日本支部、日本イコモス国内委員会が「(再開発で）約1000本の樹木が伐採される」と明らかにしたのだ。その中には、並木道から秩父宮ラグビー場に向かう小道にある18本のイチョウなど樹齢100年を超える古木も含まれる。

明治神宮外苑は、明治天皇の崩御をきっかけに内苑とともに整備された。約703万円の献金、3190本にも上る献木が全国から集まり、1926年（大正15年）に竣工した。

問題を掘り起こした日本イコモス国内委員会理事である中央大学研究開発機構の石川幹子教授は、「木の一本一本には献木した人々の思いや物語がある。いいかげんな木に植え替えることは許されない」と語気を強める。

小池都知事も問題視

開発を担当する三井不動産などは事態を重くみて、5月19日、「先人の想いや歴史に想いをはせながら一本一本の樹木を大切に扱い、樹木の状態などの詳細な調査を行い極力保存または移植する」とのコメントを発出した。

それでも、騒ぎは沈静化しない。5月26日には、小池百合子東京都知事が三井不動産などに「詳細な情報公開」などを文書で求めた。

計画では並木道の4列のイチョウは保存されることになっているが、新球場が並木にかなり近くなることから、工事による生育への影響も懸念されている。都の環境影響評価審議会では、「事業者からのデータが不足している」などの理由から、審議がストップする事態となっている。

「緑」という外苑の文化財をどう保全するのか。大型再開発に突きつけられた課題は重い。

（森　創一郎）

新たな需要で不動産の用途が多様化

デベロッパー各社は次の収益源につなげようと、オフィスビルや賃貸マンションとは違う新分野の開発を模索する。

【データセンター】

サーバーなどのＩＴ機器を保管するデータセンター。クラウドサービスの普及によって通信量が右肩上がりに増え、データセンターの需要も拡大。ＩＴ専門調査会社のＩＤＣジャパンによれば、２０２１年に２６３万平方メートルだった国内データセンターの延べ床面積は、２６年までに３９０万平方メートルに拡大する見通しだ。通常の不動産と同様、データセンターのオーナーは利用者から賃料などを受け取る。

大和ハウス工業は4月、独自のデータセンターブランド「DPDC」を立ち上げた。25年までに1000億円規模の資金を投じ、国内での開発を推進する。三井不動産も当面、年間1~2棟のデータセンターを供給する構えだ。

データセンターは、データが最も消費される都市部までの距離が近いほど通信の遅延を抑えられるため、地方よりも都心や郊外の立地が好まれる。災害対策も求められ、地盤が強く津波などの被害が少ない地域であることも必要だ。そのため、首都圏では千葉県印西市、関西では箕面（みのお）市や茨木市といった特定の地域でデータセンターの開発が進んでいる。

ただ、多量の電力を消費するデータセンターは環境負荷が懸念される。今後は立地などに加え省電力という観点も、データセンターの競争力に影響を与えそうだ。

【冷凍冷蔵倉庫】

コロナ禍に伴うEC（ネット通販）市場の拡大を受けて、多くのデベロッパーは物流倉庫の開発を積極化している。とくに、需要が見込めて安定収益も狙える常温倉庫（倉庫内の温度調整がほぼされていない倉庫）の開発を本格化しており、大規模用地の取得などで競争が激化している。

こうした競争を避けるため、一部のデベロッパーは比較的競合の少ない、冷凍食品や生鮮品を保管する冷凍冷蔵倉庫の開発に注力し始めている。大手デベロッパーの東京建物は埼玉県児玉郡でBTS（オーダーメイド）型の冷凍冷蔵倉庫を開発。三井不動産も22年度中の新規開発を目指す。

冷凍冷蔵倉庫では庫内に特殊な冷蔵設備が必要だ。開発には多くの初期費用がかかる一方で、常温倉庫よりも賃料を高く設定できる。首都圏で冷凍冷蔵倉庫などを開発する不動産会社・霞ヶ関キャピタルの杉本亮取締役は「常温倉庫と比べて賃料はおよそ1・8倍であり、中規模物件でも多額の利益が見込める。競合物件が少ないのでリーシングしやすく、収益も安定している」と語る。

とはいえ、冷凍冷蔵倉庫は常温倉庫より管理の手間がかかる。冷蔵設備も定期的に改修しなければならない。「氷柱や結露を防止できる構造にするなど、独特な開発ノウハウが必要だ」(杉本氏)。

日本冷蔵倉庫協会によれば、国内の冷凍冷蔵倉庫で総保管面積の半数を占めているのは1980年代以前に建設されたもので、老朽化は深刻だ。将来的な建て替え需要まで取り込めるか、デベロッパーの開発手腕が問われる。

【戸建て】

日本の不動産業における賃貸住宅投資といえば、もっぱらマンションが対象だ。戸建ては管理に手間がかかるうえ、賃料や中古相場も未成熟のため、投資商品として成り立ちにくいとされてきた。

そんな中、ファンド運用大手ケネディクスが組成したのが「賃貸戸建て」を対象にした不動産ファンドだ。オープンハウスグループや飯田グループホールディングス、三栄建築設計の建売大手3社と提携し、2021年8月から運用を始めた。

課題である管理の煩雑さを解消するうえで、ケネディクスが組んだのが東急住宅リースだ。同社は転勤になったオーナーの自宅を一定期間賃貸する事業を展開する。戸建ての賃貸も実績があり、そこで蓄積した賃料設定や入居者募集、維持管理などのノウハウを生かす。

手間がかかりがちな管理会社と入居者との連絡は原則オンラインで行い、担当者が現地に出向く代わりに修繕箇所を写真や動画で送ってもらう。点在する戸建ての修繕や原状回復工事については、沿線ごとに東急住宅リースと提携する工事業者が担う。

散発的に工事を発注するとコストがかさむため、修繕計画をあらかじめ策定し、時期が来たら一括して発注する。戸建てにはマンションのような共用部が存在しない分、清掃や法定点検などの業務が不要といった利点もあり、管理委託費は賃貸マンションと遜色ない。

木造ゆえに減価償却費の負担が重く維持費もかかるが、それらを加味しても一般的な賃貸マンションファンドを上回る利回り水準を目指す。木造戸建ての法定耐用年数は22年だが、予防保全的に修繕を施し長期居住を可能にする。

今後、不動産ファンドによる賃貸戸建てファンドの組成が相次げば、持ち家向けが中心の日本の戸建て業界は様変わりしそうだ。

【病院】

最後の砦として挙げられるのが、病院の土地と建物を総称した「病院不動産」だ。三菱地所は2021年5月、札幌市内で緩和ケア病院を竣工させた。病院不動産の信託受益権は三菱地所などが保有し、医療法人から賃料を受領する。

背景にあるのは、建て替え需要の高まりだ。病床数を抑制する改正医療法が1985年に施行されたことを受け、その直前に多くの医療法人が「駆け込み増床」を行った。当時着工された建物が今、一斉に更新時期を迎えている。

建物の造りが患者ニーズに対応しきれていない既存病院もある。ある不動産会社の幹部は「昔に比べてリハビリ需要が増えているので、建物内にリハビリ用の広い部屋を設けたり病室からリハビリ室までの動線を確保したりしなければならない。増改築では対応が難しく、建て替えが必要」と話す。

一方で、多額の資金を要する建て替えは医療法人にとって負担が大きい。建て替え費用を自己資金で賄うには限界があり、すでに運転資金や設備投資などで債務が膨らんでいれば、金融機関から借り入れに難色を示されることもある。

そこで、借り入れの難しい医療法人に代わって不動産会社が土地を取得し、病院を新築。医療法人はテナントとして入居し、賃料を投資家に支払う。病院不動産は1棟当たり数十億円から100億円超と投資規模が大きく、収入が景気に左右されにくい点が魅力だ。

むろん、ハードルも相応に高い。医療機関などへのコンサルティングを行うKPMGヘルスケアジャパンの松田淳代表取締役は、「介護施設の場合、サービス水準に応じて利用料も引き上げられるが、病院は収入の大半が公的保険診療の公定価格の枠内。建て替えによりサービスを向上させても利用料の引き上げが難しい」と話す。

単なる金融商品としてではなく地域医療を側面支援するという意識も、投資家には求められる。

（一井　純、佃　陸生）

〔エピローグ〕強気の姿勢に死角はないか

リーマンの教訓は生きるのか

2022年5月、東京都中央区晴海のタワーマンションが林立する一角に立つオフィスビル「晴海センタービル」が、不動産ファンドに売却された。売却価格は243億円で、そこから逆算した利回りは3％台後半。一時の都心物件並みの水準だ。晴海はオフィス街というよりも住宅街で、最寄り駅から徒歩8分と距離がある。関係者によれば、入札で上位の価格を提示したのは軒並み外資系不動産ファンドだった。

「楽観的」評価の事情

「日本を知らない海外の投資家にしか出せない価格だ」。ある大手デベロッパーの幹部は苦笑する。同氏の念頭にあるのは、道路を挟んで晴海センタービルと対面するビル群「晴海トリトンスクエア」だ。トリトンは住宅街という立地と駅からの遠さゆえに、アベノミクス以降の景気回復期でも賃料が伸び悩んだことで知られる。トリトンの苦戦を知っていれば晴海のオフィスビルには手は出せない、という指摘だ。

一方で、不動産仲介会社の関係者は別の見方をする。「海外投資家は『希少性』を評価した」。晴海センタービルはもともと三菱地所が開発し、2007年に系列の上場REIT（不動産投資信託）に売却した。そして今回、REITから投資家へと売却された。元をたどれば日本の大手デベロッパーが開発した優良物件で、かつ晴海の中では数少ない高級オフィスビル。「二度とない出物だ」との判断が、高値取得の背景にあるという。

海外からの資金流入は、不動産に対する評価を変えつつある。中堅デベロッパー・サムティは東京や大阪などでマンションを開発し、一部を外資系不動産ファンド向けに売却している。売却価格は21年より明らかに上昇した。

「海外投資家は、海外の基準で買いに来る」と、サムティの小川靖展社長。「2％程度のインフレを織り込み、契約更新時に賃料を上げる前提だ。彼らにとって不動産は、時間の経過とともに価格が下がるのではなく、むしろ上がるものだ」（小川社長）。

こうした見方に対して、国内勢からは「楽観的すぎる」との指摘も根強い。前出とは別の大手デベロッパー幹部は、「日本では無理な賃料引き上げや追い出しは難しい。そもそも企業や入居者の賃料負担力は上がっていない」と話す。

あるＲＥＩＴ関係者は「うちではそんなことはないが」と前置きをしたうえで、こんな話を紹介した。不動産ファンドには物件取得担当者がいる。取得できたかどうかが査定に響くため、高値づかみを承知で投資する誘惑に駆られる。「投資家に説明がつかない価格は問題だが、多少ならアクセルを踏む人間がいても不思議ではない」。

「ファンドバブル」の教訓

ファンドが不動産市場を牽引する構図は過去にもあった。２０００年代前半から勃興し、07年ごろに頂点に達したとされる「ミニバブル期」だ。海外の資金を背景にファンドが相次いで作られ、彼らに物件を売ろうと社名がカタカナの新興デベロッパーも多数出現した。

当時活発だったのは、売却時の賃料を非常に高く設定し、そこから逆算して取得価格を決めることだ。不動産ファンドの中には売却益を追求するあまり、テナントに対して何割もの賃料増額を要求し、裁判沙汰になった事例もあった。

宴は突然、お開きを迎えた。07年から表面化した米国のサブプライムローン問題を契機に金融機関が不動産融資に慎重になり始め、08年9月のリーマン・ブラザーズの破綻が追い打ちをかけた。金融機関が融資を絞った結果、資金調達に窮した企業の倒産が相次いだ。

あれから15年ほど。海外からの資金流入によって不動産価格は再び上昇を続けている。すでに割安感は薄れ、市況を支えている要因は日本の低金利政策や為替動向、政治の安定といった外部環境だ。

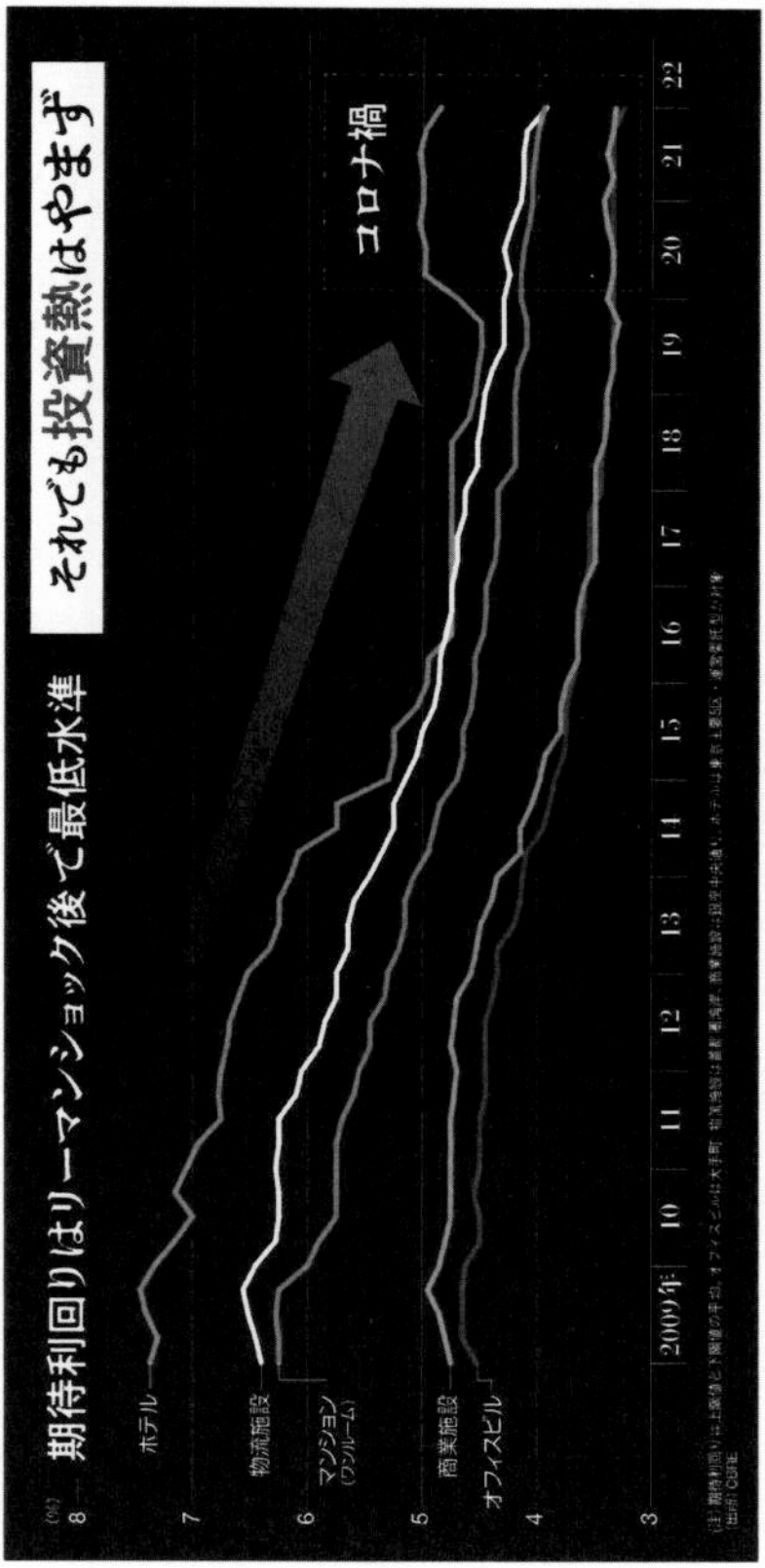
期待利回りはリーマンショック後で最低水準
それでも投資熱はやまず
コロナ禍
(%)
8
7
6
5
4
3
ホテル
物流施設
マンション（ワンルーム）
商業施設
オフィスビル
2009年
10
11
12
13
14
15
16
17
18
19
20
21
22
(出所) CBRE

「ファンドバブル」に身構える企業もいる。都内でマンションの一棟売りを手がけるアーバネットコーポレーションの服部信治社長は、「外資系のほうが提示する価格は強い。それでも、できるだけ日本のファンドや、付き合いのある業者と取引をしている」。

リーマンショック時、多くの外資系企業が本国に撤退し、売買契約を破棄される不動産会社もいた。一方、同社と取引をしていた日系企業からのキャンセルは1件もなし。「なじみの業者を切ってしまうと、ファンドがいなくなったときに大変だ」(服部社長)。

海外投資家が持ち込んだ新しい価格の物差しが正しいのか、はたまたバブルか。どちらに転ぶかは、そう遠くない未来に判明するのかもしれない。

(一井　純)

【週刊東洋経済】

本書は、東洋経済新報社『週刊東洋経済』2022年6月25日号より抜粋、加筆修正のうえ制作しています。この記事が完全収録された底本をはじめ、雑誌バックナンバーは小社ホームページからもお求めいただけます。

小社では、『週刊東洋経済eビジネス新書』シリーズをはじめ、このほかにも多数の電子書籍ラインナップをそろえております。ぜひストアにて「東洋経済」で検索してみてください。

『週刊東洋経済eビジネス新書』シリーズ

No.397　ビジネスと人権

No.398　無敵の話し方

No.399　EV 産業革命

No.400　実家のしまい方

No.401　みずほ　解けない呪縛

No.402　私大トップ校　次の戦略
No.403　ニッポン再生　７つの論点
No.404　マンション管理
No.405　学び直しの「近現代史」
No.406　電池　世界争奪戦
No.407　定年格差　シニアの働き方
No.408　今を語る１６の視点　２０２２
No.409　狙われる富裕層
No.410　ライフシフト超入門
No.411　企業価値の新常識
No.412　暗号資産＆ＮＦＴ
No.413　ゼネコン激動期
No.414　病院サバイバル
No.415　生保　最新事情

No.416　M&Aマフィア
No.417　工場が消える
No.418　経済超入門　2022
No.419　東証　沈没
No.420　テクノロジーの未来地図
No.421　年金の新常識
No.422　先を知るための読書案内
No.423　欧州動乱史
No.424　物流ドライバーが消える日
No.425　エネルギー戦争
No.426　瀬戸際の地銀

週刊東洋経済eビジネス新書　No.427
不動産争奪戦

【本誌（底本）】
編集局　一井　純、佃　陸生、森　創一郎、長瀧菜摘、梅咲恵司
デザイン　藤本麻衣、小林由依
進行管理　下村　恵
発行日　2022年6月25日

【電子版】
編集制作　塚田由紀夫、長谷川　隆
デザイン　市川和代
制作協力　丸井工文社
発行日　2023年7月6日　Ver.1

発行所　〒103-8345
東京都中央区日本橋本石町1-2-1
東洋経済新報社
電話　東洋経済カスタマーセンター
03（6386）1040
https://toyokeizai.net/

発行人　田北浩章

電子書籍化に際しては、仕様上の都合などにより適宜編集を加えています。登場人物に関する情報、価格、為替レートなどは、特に記載のない限り底本編集当時のものです。一部の漢字を簡易慣用字体やかなで表記している場合があります。本書は縦書きでレイアウトしています。ご覧になる機種により表示に差が生じることがあります。

※本刊行物は、電子書籍版に基づいてプリントオンデマンド版として作成されたものです。